创新创业基础与就业指导

刘 雅　王姝丽　陈 蕾◎编

中国建材工业出版社
北 京

图书在版编目（CIP）数据

创新创业基础与就业指导/刘雅，王姝丽，陈蕾编
.--北京：中国建材工业出版社，2024.4
ISBN 978-7-5160-3987-8

Ⅰ.①创… Ⅱ.①刘… ②王… ③陈… Ⅲ.①大学生
—就业—教材 Ⅳ.①G647.38

中国国家版本馆 CIP 数据核字(2024)第 003284 号

内 容 简 介

本书主要研究创新创业基础与就业指导，本书从创新创业基础介绍入手，针对创新思维与创业精神、创新创业机会与创业环境、职业生涯规划进行了分析研究；另外对大学生就业指导与模式、大学生就业求职指导做了一定的介绍；还对大学生职业适应与发展进行了分析研究；本书结构严谨，内容翔实，通俗易懂，使大学生能够较为系统地学习创新创业知识，为以后的创业做好准备工作。本书可供高等院校毕业生参考，也可供高校就业与创业教育指导教师作为参考用书。

创新创业基础与就业指导
CHUANGXIN CHUANGYE JICHU YU JIUYE ZHIGAO
刘 雅 王姝丽 陈 蕾 编

出版发行：中国建材工业出版社
地　　址：北京市西城区白纸坊东街2号院6号楼
邮政编码：100054
经　　销：全国各地新华书店
印　　刷：北京四海锦诚印刷技术有限公司
开　　本：787mm×1092mm 1/16
印　　张：8
字　　数：150 千字
版　　次：2024 年 4 月第 1 版
印　　次：2024 年 4 月第 1 次
定　　价：88.00 元

本社网址：www.jccbs.com，微信公众号：zgjcgycbs

前　言

创新创业思维的培养对于高校大学生自身综合素质的提高、就业质量的提升甚至自主创业都有着重要的指导意义，创新创业教育和就业指导工作的深度融合已经成为高校研究热点。在研究高校大学生创新创业能力培养意义的基础上，分析了就业指导工作中创新创业思维培养的现状及存在问题，并对创新创业教育驱动下高校大学生就业指导工作的关键问题深入分析，构建创新创业教育驱动下高校大学生的就业指导体系，从教学、师资、课程体系等多方面探索，培养创新型、高素质人才，完善大学生就业指导工作。

将创新创业教育与就业指导二者相融合，创造一些机会，可以培养学生的创业意识和创新精神，在实践活动中培养学生的创业品质，引导学生在毕业之前提前掌握一些创业的理念，使其拥有较明确的思路，为以后的就业和创业打下基础。

本书主要研究创新创业基础与就业指导，本书从创新创业基础介绍入手，针对创新思维与创业精神、创新创业机会与创业环境、职业生涯规划进行了分析研究；另外对大学生就业指导与模式、大学生就业求职指导做了一定的介绍；还对大学生职业适应与发展进行了分析研究；本书结构严谨，内容翔实，通俗易懂，使大学生能够较为系统地学习创新创业知识，为以后的创业做好准备工作。本书可供高等院校毕业生参考，也可供高校就业与创业教育指导教师作为参考用书。

本书参考了大量的相关文献资料，借鉴、引用了诸多专家、学者和教师的研究成果，其主要来源已在参考文献中列出，如有个别遗漏，恳请作者谅解并及时和我们联系。本书的写作得到很多专家学者的支持和帮助，在此深表谢意。由于能力有限，时间仓促，虽竭力丰富本书内容，力求著作的完美无瑕，并经多次修改，仍难免有不妥与遗漏之处，恳请专家和读者指正。

主　编

2023 年 11 月

目　录

第一章　创新创业基础

导读

创新与创业不仅对社会和国家有着非常重大的意义，也是个人人生价值的体现。具体地讲，创业是实现财务自由的有效途径，创业能让我们有能力帮助那些需要帮助的人，创业还能修炼我们的智慧和力量，提升个人能力。创新是创业过程中良好的助推剂，是企业脱颖而出、取得成功的有效途径。不论创新还是创业，对社会和国家都有着非常重大的意义，也是实现团队价值和个人价值的重要体现。创新和创业存在着一定的逻辑相关性，在创新过程中，团队的作用举足轻重，在创业过程中更为显著。因此，学习关于创新团队和创业团队相关理论，是获取创新创业实践良好效果的重要基础。

学习目标

1. 了解创新与创业概述
2. 学习创新与创业主体

第一节　创新与创业概述

一、创新的含义、类型和意义

（一）创新的含义

创新是近年来使用最频繁的词汇之一。创新一词起源于拉丁语，是以新思维、新发明和新描述为特征的一种概念化过程。创新主要包括三层含义：第一，更新；第二，创造新的东西；第三，改变。简单地说，创新是利用现有资源或者社会要素创造新的矛盾共同体的行为，是对旧的一切进行的替代或覆盖，是人类认识能力和实践能力的表现形式。

（二）创新的特征

创新涵盖在生活和社会的各个方面，创新是人们能定性的首创活动，是破旧立新、与时俱进的实践，是一种新的价值的实现，可以是新思想、新概念在实际生活中的运用，也可以是形成新思想、新观念和新理论的过程，是一种精神境界。创新作为一种活动，既是一个过程，又是一种境界，创新具有以下几个特征。

1. 首创性

首创性，即“第一次”，是历史上从未有过的，是“无中生有”或是“有中生新”。新的变动、新的组合、新的改进等都是创新，这种创新可以完全新，也可以部分新，只要是对旧事物的突破，有所超越，有所改进，和别人的有所不同就是创新。

2. 时效性

创新作为一种活动，在思想、理论、技术形成或产品投放市场后，经过一定时间又会被更新的东西所替代，这种替代使得创新具有时效性。正因为这种时效性，我们在开展探索性教学或者进行科学研究时，就必须了解项目所处的时期，并需要对发展的前景进行预测。

3. 成果性

成果性是指创新必须以新的成果体现，不管是物质的还是精神的，是实物还是制度，都需要一个载体，将这种创新性展现出来。

4. 价值性

创新的价值性体现在创新成果产生的社会效益和经济效益上，其价值标准是社会性的，以不损害社会利益为前提。与之相反，那些损害社会利益的活动，即使是首创，也绝不是创新，如制造的新毒品，搞新的迷信活动，发明的新的计算机病毒等。

5. 综合性

创新是许多人共同努力的结果，即多人投入的产出活动，它既需要技术人员的理论知识和技术，又需要生产者和管理者的共同联合协作，才能使创新达到预期的目标。因此，创新活动是一项综合性的活动。

（三）创新的类型

创新有大小之分，也有层次之分，但是没有领域和范围的限制。创新的种类无穷无尽，按照创新的属性可以分为知识创新、产品创新、管理创新和营销创新四大类。

1. 知识创新

知识创新体现为对现有知识构成要素进行新的组合或分解，是在现有知识基础上进行的改进、发展、发明或创造。知识是人们在探索、利用或改造世界的实践中所获得的认识和经验的总和，一般分为自然科学知识和社会科学知识，因此知识创新又可分为自然科学知识的创新和社会科学知识的创新。

2. 产品创新

产品创新是指性能和特征上的全新或者显著改进的产品或服务，包括全新的产品和性能显著改进的产品两种类型。比如，有线电话通信从根本上改进了人类的通信方式，是一种全新的产品；而近年来开始兴起的智能手机则是在传统手机的基础上增加了无线互联网的功能，它可以使人们在任何时间、任何地点都可以便捷地收集网络上提供的任何资讯，充分展示了信息时代的通信便捷，是一种性能的显著改进。

3. 管理创新

管理创新是指组织形成一种创造性思想并将其转换为有用的产品、服务或作业方法的过程，把新的管理要素（如新的管理知识、管理制度、管理手段或管理模式）或要素组合引入企业管理系统以实现有效组织目标的活动。

4. 营销创新

营销创新是指根据营销环境的变化情况，并结合企业自身的资源条件和经营实力，寻求营销要素在某一方面或某一系列的突破或变革的过程，如采用新的营销方法，包括营销理念、产品设计或包装、分销渠道和促销方式等方面的显著改进。比如，随着移动互联网的推广，以前的厂商到分销商再到消费者的分销模式已经不能满足时效性、经济性的要求，制造企业通过互联网直接与消费者达成购买协议，产品也从普适性模式变成对个性化需求的满足。在营销创新过程中，并非要求一定要有创造发明，只要能够适应环境，赢得消费者的青睐且不触犯法律、法规和通行惯例，同时又能被企业所接受，那么这种营销创新即是成功的。还需要说明的是，最终能否实现营销目标，不是衡量营销创新成功与否的唯一标准。

（四）创新的意义

创新对人类发展的意义怎么强调都不过分，从浩如烟海的企业战略到国家发展战略，都在强调创新。创新，无论是对消费者、股东、企业未来业务的发展，我们的生存和成长，还是对一个国家的发展壮大，都具有十分重要的作用。

企业对创新的关注并不是停留在口头上，而是体现在行动中。背后的逻辑是：如果企业不改变提供给市场的产品和服务以及创造和交付产品的方式，企业将承担被其他竞争对手打败的风险，创新与生存密不可分。历史也不止一次证明，生存并不是注定的，能生存下来的企业是因为实现了有效的创新，而那些在市场中因循保守的企业则被无情地淘汰掉了。

一个人的问题是另一个人的机会。创新对于已经处在市场中的参与者而言是一种不得不面临的不确定的局面，在变化中主动应对的可能会胜出，消极应对的必然出局，而对于新进入者而言则是一个重新设计游戏规则的巨大机会。在阿里巴巴网络交易平台开通之前，无论是生产者还是消费者都习惯于借助各级实体分销机构的服务，生产者要依靠它们把产品卖出去，而消费者则必须依靠它们才能获得自己想要的商品，让生产厂家和消费者直接对接看起来是一件不可能发生的事情。然而阿里巴巴网络平台的开通，实现了生产厂家和消费者之间的无缝对接，消费者可以通过网络直接跟厂商对接，商讨商品价格、数量、发货时间和方式等，使以前供求双方都依赖的实体分销机构所拥有的资金实力和实体店面都变得毫无意义，实体零售业的生意从此一落千丈。

当然，并不是所有的创新都会导致一方赢而另一方输的情形，更多的时候，创新会带来双赢乃至多赢的局面。例如在青蒿素未被有效提炼出来之前，人们还没有找到有效的办法来治疗疟疾，因此全球每年都有数以万计的人死于这种疾病。中医传统典籍中固然有青蒿治疗疟疾的记载，但是尚未开发出能提取有效成分的方法，著名药学家屠呦呦及其科研团队通过反复试验，发现用乙醚作为溶剂，可以在不破坏药物有效成分的情况下低温萃取青蒿素，一举解决了人类无法有效治疗疟疾的难题。屠呦呦因此获得了诺贝尔医学奖，生产疟疾用药的企业也获得了利润，身患疟疾的人也不必面临死亡的威胁。

以互联网为载体的远程教育是创新导致多赢的又一个例子。在互联网远程教育出现之前，除了面授之外，就只有音像资料。由于技术条件的约束，在时间和空间上匹配要求极其苛刻，导致好的教育资源无法与受教育者有效对接。互联网远程教育的介入，极大地改进了传统教育方式。首先，在时间和地点安排上可以非常灵活，受教育者掌握着学习的主动权。其次，互联网具备的互动功能还可以让受教育者提出的问题得到及时反馈，在线作业、在线测试和讨论极大地方便了施教者和受教育者。再次，互联网在课程选择、进度控制和账户管理上也优于传统的教育方式。交通费用、食宿费用的节约也是互联网远程教育给广大公众带来的又一大福利。最后，通过这种灵活的安排，优秀的教育资源可以极大地覆盖不同时间和地点的受教育者。

创新不仅是企业考虑的重点，也是国家优先考虑的问题。创新是与企业成功联系最紧密的因素；创新型企业比缺乏创新的企业增长更快或更成功；市场份额或利润快速增长的企业，一般都是创新型企业。国家及地方政府要培育发展新动能，改造提升传统动能，塑造更多依靠创新驱动的引领型发展；在战略必争领域前瞻部署，加速基础研究和应用研究的衔接融合；实施一批重大科技项目，建设一批重大科技基础设施，打造一批“双创”示范基地；在传统产业广泛开展“互联网+”行动，让“老产业”焕发出“新活力”；要通过改革，完善科研管理、人才评价等机制，让科技人员把更多的精力用在研究上，用活科技人才，释放创新潜能；要强化企业创新主体地位，促进产学研用贯通，使创新成果转化为现实生产力。这充分体现了我们国家党和政府对创新工作的重视。

更为重要的是，创新还与全球的经济增长紧密联系。在过去的几十年中，经济学家一直致力于探讨创新与经济增长之间的关系，并且普遍认同创新能够解释经济增长。美国经济学家威廉·杰克·鲍莫尔（William Jack Baumol）指出，自18世纪以来的经济增长最终都应归功于创新。

二、创新和创意的关系

（一）创新和创意的联系

1. 一切创新都始于创意

创意是一种思维活动，它是创新的开始，工具、机器、作品、体制、机制、模式等，一切创新都始于创意。有了创意才会有以后的创新成果。只有最终的创新活动实践成功了，创意的价值才能得以最终体现出来。

2. 创意属于创新的一部分

从广义的创新概念可以看出，具有开拓性思维的行为、成果等都可称为创新。理论创新、观念创新、科技创新、文化创新、体制和制度创新等，都离不开创意的萌芽。创意的成形以及进一步验证，是最后投入实践获得成功的关键，所以创意是创新必不可少的一部分。

3. 创新是创意的理想结果

创意是大脑的创新性思维活动，具有一定的艺术色彩，最终能否成为一个产品，没有确定的答案。但是，创意的诞生就是为了能够落地成形，通过“创意→策划→执行→反馈→再创意→再策划→再执行……”的过程，把创意思维变成创新成果，实现创意的终极目的。因此，创新是创意的理想结果。

（二）创新和创意的区别

1. 概念上的区别

创意是一种创新的思维活动，可以是逻辑思维、形象思维、逆向思维、发散思维、系统思维、模糊思维、直觉和灵感等多种认知方式或者综合运用的结果。而创新是指突破传统，具有开拓性思维的行为、成果等。可见，创意是指只有大脑领域发生的活动，而创新包括了思想、行为和结果。也就是说，创新必须有创意，但创意也并不等同于创新。

2. 特点上的区别

创意具有突发性、不成熟性，是人的大脑的突发奇想，是尚未开始投入实践的灵感和想象。而创新具有成果性、价值性，是已经行动并取得成果的一系列活动的总和。创意是创新的开始，成败未知；创新是“创意+行动”的结果，创意只有在行动中成功了，这一系列的活动及成果才叫创新。

3. 结果上的区别

创新有可能失败，失败了就不再是创新，只能算是创新的一个阶段、一个环节。而创意要打破常规，可以天马行空甚至从胡思乱想开始，有着明显的自由性和不成熟性，所以创意往往是虚构的、示意的，更多的是一种艺术形式或者产品的最早期构思，而并非一种真实的产品。即使是对产品的构思、创意或者所谓的“点子”，绝大多数也并不能最终实现。也正因为如此，创意诞生之后，还必须对创意进行验证。

三、创新与创业的关系

创新是指理论、方法或制度等某个方面的发现、改进和新的组合。创业是一种行动，通过创造性地整合资源，将创新的思想或成果运用于产业或事业中，创办新的企业或开办新的事业。因此，在逻辑上，创新是先导，创业是创新的约束条件和实现形式。

（一）创新与创业的约束条件

创新并不只是技术创新，如果没有激励创新的相关制度安排，创新便不会产生。创新是在特定的制度环境激励下的产物，并不是自然而然产生的。即便是偶尔有技术创新，也无法通过创业使创新得以实现并服务于广大人民群众。因此，制度创新既是创新的一种表现形式，也是技术创新得以实现的基础，更是通过技术创新实现创业的必要条件。

在我国，有利于创新与创业的最根本的制度安排就是社会主义市场经济。不难发现，凡是市场经济发达的地区，民间就蕴藏着极强烈的创业冲动，大众创业就成为人们的自觉行动。这是因为，首先，市场经济没有“官本位”，也没有上级部门的计划。市场经济向人们提供了广阔的实现自我价值的空间，没有体制内外之分，人们会面对市场，依靠自己的力量，发挥比较优势，从而激发更多人的创新和创业激情。

其次，在市场经济中，合作与竞争成为经济生活的常态。企业一经创立，就要接受其他对手的挑战，接受消费者的检验。在竞争性市场中为了生存，必须根据市场环境进行不断的创新，率先创新的企业可以获得超额的社会回报，落后的企业注定被淘汰。但是创新者如果满足于已有的成就，随着后来的企业纷纷跟上，利润迅速被平均，因此创新如果不能持续进行，同样要被市场淘汰。这个过程不断推进，不断在新的起点上实现新的平衡，新的平衡又不断被打破，实现更高层次、动态的平衡，并由此推动产业结构的提升和经济增长。

最后，要保证创新的持续进行，必须要有促进竞争和创新的具体制度安排。创业者要容易进入、方便进入、平等进入，让创业者的创业意向容易成为现实。最大限度地减少审批和来自有关部门的干扰，有效地解决体制内、外的问题，不能再让体制内的旱涝保收占有过多的优惠条件，否则，这样的制度安排会诱使更多的人进入体制内而淡化创业、创新的冲动。所有公民都必须一视同仁地面对市场，社会应向每个人提供公平的起始条件；社会既要褒奖成果，也要包容失败，包容创新起始阶段的与众不同；另外，创新和创业所需要的要素要容易获得，尽量避免非市场因素影响要素的自由流动。

因此，制度创新既是创新的有机组成部分，又是创新得以实现的制度基础，也是通过创业实现创新的必要保障条件。

（二）创新与创业相互作用

一般地，创新是指理论、方法或技术上的发现、发明和改进或新组合，创业是一种思考、推理和行动方法，其重点在于把握机会，创造性地整合资源，从而创办新的企业。将创新的思想运用于产业或事业之中，开创新的领域或新的局面，就是创业。创新注重的是方法和思想上的标新立异，而创业则必须考虑实现创新可能经历的过程及其可行性。创业比创新更注重最终的经济效益，因为一项创新如果不能带来经济效益，就没有实施的价值，而没有经济效益的创新则很难有持续不断的动力来支持创新的继续。

创新与创业虽然是两个不同的概念，但是却存在着本质上的一致性。熊彼特认为，创新是生产要素和生产条件的新组合，这种组合能使原来的成本曲线不断更新，并由此产生超额利润。因此创新的内涵与创业有着本质上的一致性和相关性。创新与创业的一致性都体现在“开创”上，只不过创新一般多指理论、思想方法上的创造性活动，创业是实际活动中的创造，是创新理论、思维模式和技术方法的应用和现实体现，也是创新的终极目的。因此，创新是创业的本质与源泉，而创业则是创新的实现方式，创新的价值在于创业。从某种程度上讲，创新的价值在于将潜在的知识、技术和市场机会变成现实的生产力，实现社会财富的增长，造福人类社会，而实现这种转化的根本途径就是创业。创业者不必是创新者，但是必须具备发现潜在商业机会的能力和敢于冒险的精神；创新者也不必是创业者或者企业家，但是创新的成果必须经由创业者推向市场。

创业不仅是创新的实现方式，也是深化创新的动力来源。创业所产生的经济收益，使得创新的持续不断有了物质基础上的保障。因而创业可以反过来推动新发明、新产品和新技术的不断涌现，并进一步创造新的市场需求，从而推动和深化创新，并进一步提高企业或国家的创新能力，推动经济增长。

四、创业的人生意义

（一）创业是实现个人财务自由的最佳途径

生活中绝大部分人工作是为了生活，即为了个人或家庭的正常运转，一旦工作停止，生活就会因此而受到影响。所以一般的上班族是很难实现财务自由的，要实现财务自由，创业是一条最好的路径。创业最原始的动力就是为了赚钱，实现财务自由。所谓财务自由是指你无须为生活开销而努力为钱工作的状态。简单地说，个人拥有的资产产生的被动收入要超过或等于一个人的日常开支，这是我们大多数人最渴望达到的状态，如果进入这种状态，我们就可以称之为退休或其他各种名称。真正意义上的财务自由，还不能依赖工资奖金。它更多是指你通过投资理财而获得的一个终极目标。实现财务自由的人，不必为钱而工作，大部分人的工作都是为了“讨生活”，即为个人或家庭、为维持一个体面的生活而工作。

如果，你可以不必为钱而工作，而是为兴趣而工作，那你有幸在通往“财务自由”的路上迈出了重要的一步。因为努力工作不是为了挣钱，而是出于兴趣。在这种状态下，更容易激发人们的工作热情，而这种热情是迈向成功的关键，也是创业者必须具备的基本素质。很多通过创业而成功的企业家，最初就是从“做感兴趣的事”开始的。比如美国微软公司联合创始人比尔·盖茨（Bill Gates），最开始搞软件开发不是出于对金钱的追求，而是出于内心对这份事业的热爱，才有不计报酬地倾情投入，并获得了巨大的成功。而在事业开始之初，他也不知道将来会缔造出一个巨大的商业帝国，并获得大笔财富，金钱和财富只是他为兴趣而工作的一个意外收获。因此，虽然我们创业的目的之一是获得财务自由，但是在考察项目时，个人兴趣也是必须纳入考虑的因素，只有对所从事的事业有持久的兴趣，而不仅是对金钱的追求，才可能让我们在成功的道路上越走越远。

（二）创业让你有能力帮助更多的人

创业的意义不仅是让自己获得财务自由，而且是让更多的人能受惠于创业者，消费者是最先受益的群体。一个成功的创业者带给消费者的产品或者服务必然比现有市场上的对手更有竞争力，这种竞争力可能表现在相同价格下质量更高，或者相同质量下价格更低，或者是服务更加便捷周到。此外，供应商也会因为市场上有更多的对自己产品的需求而受益。比如阿里巴巴电子商务平台的开发，可以让消费者在足不出户的情况下就能买到自己心仪的产品。同传统零售业不一样，消费者不必亲临商场就可以考察多个同类商家的产品，更方便货比三家。同时，电子商务平台的用户评价功能还解决了消费者体验不容易传播的问题，传统商业模式下一个人的消费体验很难传播给其他消费者，导致某些不法商家出售质次价低的产品屡屡得逞。而在电子商务平台，由于消费者评价可以很容易被其他潜在消费者看到，因此商家将会约束自己意图欺骗消费者的冲动，使产品的质量和价格尽可能相符合。传统商家在货物售出后，如果消费者不满意要进行退换时非常麻烦，商家会尽可能推卸责任，拒绝消费者退货。而在电子商务平台，消费者在规定的时间内可以无理由退货，并顺利收回自己支付的货款，让消费者少了后顾之忧。

创业者通过自己的创业活动，还能拉动就业。社会上绝大部分人都会选择为一个企业或者组织工作，这意味着他们需要就业机会。如果有更多的人参与创业，就意味着能提供更多的就业机会。如果创业项目很成功，不仅能让员工获得更高的收入，而且还能帮助其获得能力和职位上的提升。

创业带来的财务自由还能让我们有能力帮助更多需要帮助的人。在日常生活中，有很多因各种原因导致无力谋生而陷入困境的人。每个人都有悲悯之心，如果我们的能力和财富不支持，即使有心相助也无力施以援手。在政府财力无法支持或者无法有效甄别受助者的信息时，民间慈善将是有益的补充。通过创业，我们就有机会积累财富，这些财富不仅能让我们自己过得更好，而且还能帮助那些有困难的人，让那些无力谋生的人可以有尊严地生活。

第二节　创新与创业主体

一、创新者与创业者

（一）创新者

创新者是指善于激发自身创新性思维，积极从事创新实践的个人。创新是每一个正常人所具备的潜在能力，而创新者要善于对这种能力进行挖掘和开发。对创新能力的开发程度是创新者的关键，取决于他们是否具备一定的创新素养。创新者是善于接触与自己观点不同的人并与之交谈，从而扩大自己的知识范畴的人。创新者是一个拥有新想法并积极将其付诸实施的人。需要指出的是，创新者不是“创客”，不追求能够设计出一个具有交互性的产品，同时，创新者也不是创业者，不以商业利益为出发点。创新者善于提出具有创意的设想，在创新性目标的驱使下进行实践操作，能够接受实践效果的失败和管理运营的失败。简言之，创新者一定是创新活动的参与者，其参与创新活动的目标是将其创新点付诸现实，力争应用于实践，而非围绕经济等利益目标出发，因此，创新者与创客、创业者都存在本质的区别。

创新者的特征有如下几个方面。

1. 具备创新性思维

创新者最大的特点就是具有创新性思维，善于以新思维思考问题，善于用新思路对待事物，善于用新眼光审视世界发展。创新性思维是一种动态的过程化思维，主要有三个层面的含义：第一，更新性思维；第二，创新性思路；第三，改变性思考。简单地说，创新性思维就是利用现有资源或社会要素，以不同于以往和一般的认知去创造新矛盾和解决传统问题的思路、认识和方法。

创新者将创新性思维作为认识事物和处理问题的惯用思维，不仅在单一方面具有创新性，在其学习、工作和生活的诸多方面均表现出这一特征。

2. 敢于对现存事物“怀疑”

创新者另一个特征就是对现存事物具有“怀疑”态度，以怀疑的眼光看待当下被众人所接受的事物，行为表现为“不走寻常路”。需要强调的是，创新者的“怀疑精神”不是对当前事物的不尊重，或者任何忽略对现存事物的深入研究而形成的创新都是不具有生命力的，一个完美的创新性设计，必须在充分对当前事物进行研究的基础上，在法律制度范畴内，在正确的认知引导之下才能够得以实现和发展的，只有充分进行调研、深入钻研，才能发现当前事物的不足，从而找到“怀疑点”进行创新。换言之，创新者的“怀疑”是以发展的眼光看待当前的人和事，以更适合未来走向的要求审视当前事物。

3. 性格坚韧，眼光长远、不计较眼前得失

创新者的思维和设计属于新生事物，从构想和设计之初到最终被社会接受，存在一个过程。这个过程长短不一，但有一个共性，即在设计之初往往被怀疑，环境评价中的否定之声大于肯定。对于创新者来说，挫折和否定是其成功的常见困境，成功的创新者身上具有共同的特点——性格坚韧，眼光长远，不计较眼前得失。

（二）创业者

创业者是指在职业实践中，以创新和独特的方式追求机会，创造职业价值和谋求事业增长的职业者，创业者通过创新的手段，更有效地利用资源，为市场创造出新的价值。本部分内容将创业者作为个体进行研究，与创业团体相区别，着重研究创业者自身特质。创业有大小之分、层次之别，但在创业领域和范围限制方面相对宽泛。创业者根据其动机、风险和身份大致可以分为生存型创业者、机会型创业者和发展型创业者三大类。

创业者相较创新者来说，更加注重职业经营业绩和创业发展，是将创新与市场作为其重要的思考点和职业着力点，在创新性方面的要求没有创新者高，但是在创新的市场应用上则非常重视。

创业者应具有如下几个方面能力。

1. 创业主体意识

创业者应明确自身所处地位，承担创业行为的“担当者”角色。这既是对创业者的挑战，也是进行创业的动力，会使创业者感受到实践市场压力的同时努力实现创业价值。

2. 市场分析能力

创业者的目标是创业成功，而创业的成功离不开市场的检验。简言之，创业者首先要实现创收，在经营运行中获取利润，这就要求创业者必须能够把握商机，并且能够分析市场，从而使创业前景更加明朗。

3. 资源整合能力

成功的创业者具有自身创业优势，也就是具备超越竞争者的资源优势，但是仅凭单一的资源优势难以实现长远的发展和更高层次的飞跃，这就需要创业者具有良好的沟通和资源整合能力，需要进行团队性的互助。

4. 创新能力

创业的核心竞争力在于创新，创业者只有具备强烈的创新意识和过硬的创新能力，才能在竞争中处于主动地位。

二、创新团队与创业团队

（一）创新团队

随着科学技术的飞速发展和创新成为时代的主流精神，创新团队开始成为科技发达时代的一种科研主体，也是一种有效的科技人力资源的组织模式。创新团队本质上是一个为了完成共同的研究任务而相互合作的科研型群体，具有明确的组织边界和治理结构。

创新团队是由具有相同创新目标的成员组建，成员构成不要求每位成员都具有较强创新能力，但对于创新项目的认可要求具有较高的契合度。基于共同的创新愿景而构建的创新团队，即构成了一个具有一定的内部治理结构的构造体，这种内部治理的实质就是要理顺、协调、建构创新团队内部的各种关系，如权力关系、角色关系、利益关系等，并以此来改善结构、规避风险、提高功效。

创新团队在成立和发展中，首先要打造团队精神和协作模式，其中精神领袖、团队氛围、发展规划及创新执着度等都是相关的内容。在实践运作与管理的过程中会遭遇许多现实的困难，主要体现在学科界限的阻隔及由此产生的组织壁垒；创新研究的资源水平，包括科研项目的创新性和发展配套资源等；另外，需要重点考虑的是创新团队在构建结构上的合理配置。

创新团队在创新项目创建过程中，着力构建一个充分结合创新团队的现实处境和发展要求的策略体系十分重要。在团队组建之初就应该充分考量当前环境问题，对团队的价值追求和项目的契合、团队成员个性与项目的匹配等问题都应充分考虑，这将会成为制约后期创新价值实现、团队生命周期、科技人力资源扩充的重要初始性问题。

创新团队后期发展将会遇到团队运行风险的规避、团队边界的开放与拓展、知识生产规律的探索与遵循、团队与创新平台及学科建设的互动与共建等问题，这些问题都是伴随创新项目的实施和团队价值逐步实现而表现出来的。

（二）创业团队

创业的自主自由并不意味着创业仅与创业者个人相关，创业需要各种各样的机会和资源。就目前我国的创业成功率来看，以团队形式进行的创业活动，其成功率要显著高于个人创业。这是因为团队创业可以将不同教育背景、工作经验和其他不同特质的成员聚集到一起，进行优势互补，对创业团队的目标实现和绩效提高产生显著的促进作用，也是团队创业与个人创业最显著区别。

复杂的创业活动，需要具备扎实的管理经验和丰富技能的创业团队，以应对创业期可能出现的各种困难与问题。因此，建立相对完善的创业团队，力求实现成员之间的优势互补，在创业过程中各尽其能，才能实现团队的长久发展。

研究证明，基于一个创业团队而不是一个单独的创业个体的创业活动，团队创业的绩效要明显高于个体创业。究竟什么样的团队才是完善的创业团队呢？针对创业团队的研究在不断发展，关于创业团队应该由怎样的一群人组成，正在逐步形成认识——在创业起步或者企业创业期内加入的，并且对团队或企业的决策有直接影响力的，着眼于团队或企业未来的一群人所组成的团队。由此我们得出这样一个概念：创业团队是指由两个及以上具有相关利益联系，以分享认知和实践合作并共同承担创建新企业而形成的工作群体。创业团队的含义有狭义和广义之分：狭义的创业团队是指具有共同创业目的、共享创业收益、共担创业风险的一群人；广义的创业团队则不仅包括狭义创业团队，还包括与创业过程有关的各种利益相关者，如风险投资家、专家顾问等。具体来说，创业团队表现出如下特征。

1. 创业团队具有发展性

创业团队从创业伊始到成熟期，所有在此期间加入团队的成员都属于创业团队，这就表现为团队的发展性。创业团队在创立初期较少考虑成员间的能力互补作用，往往侧重考虑成员对创业项目的共同价值观和认同感，而忽略了成员的能力互补性，伴随创业实践的开展，比如需要增强实力以避免团队能力缺陷，以适应企业或团队发展的能力需要，因而创业团队的发展性会一直存在。另外，创业团队生命周期也会产生影响，不同阶段，团队的人员构成也会呈现动态变化和动态平衡的过程，这都是其发展性的表征。

2. 股东身份不是创业团队成员的必要条件

创业团队的成员不一定是该团队所创办企业的股东，成员中投入资金的，是该团队的股东，但也有成员游离于企业之外，对团队创办企业的发展不干涉，而是专注于自身价值的实现。另外，创业者为实现创业目标进行的融资，投资者虽然投入资金，但仅以经济回报为目标，不涉足创业团队建设，这种投资者也不是创业团队成员。创业团队在发展过程中所需要的各类人才，通过自身以及团队的力量来掌控和影响整个团队的发展，以及解决在发展过程中遇到的各类问题。这些人才不是股东，但确实是创业团队的成员，是创业团队战略决策和战略执行的关键人物，是创业团队绩效的主要贡献者。因此股东这一因素，并非创业团队成员的必要条件。

3. 拥有优秀的团队领袖

团队领袖是创业团队的灵魂和核心，团队领袖是成功创业的关键。优秀的团队领袖有高远的志向、过人的胆识和智慧，有魄力、有凝聚力和组织管理能力，有博大的胸怀，有敢于追求胜利的英雄气概，不怕困难，敢于创新，为了企业发展，深谋远虑，趋利避害，不计较个人得失，一往无前。许多创业团队在很短的时间内就解散乃至“消亡”了，很重要的原因在于创业团队的带头人其实根本不是一个合格的领导者。

4. 有一致的企业价值认同取向，团队成员与企业发展共命运

团队成员应该有一致的企业价值认同取向，全心致力于创造新企业的价值，认为创造

新企业价值才是创业活动的主要目标，并认识到唯有企业不断增值，所有参与者才有可能分享创业的成果和利益。

团队成员必须对企业长期经营发展充满信心，对企业经营要付出辛苦和汗水，不能因一时利益或困难退出团队，要清醒地认识到创业将会面临的挑战和遇到的困难。这样，团队成员为了成功，才不至于有观望徘徊思想，遇到困难才能做到破釜沉舟，付出百分之百的努力，才能全身心地投入到工作中去，才能凝聚共识，同心同德，将事业推向成功。当然，为了能形成利益共同体，不能只有语言上的承诺，还要有一定的运作制度，特别是利益上的约束。

5. 能力互补，相得益彰

创业团队成员的能力个个都是很强的，每个人都是某个方面的专才，这些人员的能力通常是不相同的。有的人创新意识非常强，对企业发展战略和新产品或新服务项目开发有着至关重要的作用；有的人策划能力极强，能够全面考虑企业面临的机遇与风险，分析成本、投资、收益的来源及预期收益，甚至还包括公司管理规范章程、长远规划设计等；有的人执行能力较强，具体负责生产经营和销售，他们在联系客户、接触终端消费者、拓展市场等方面，都有较强的执行力；有的人技术水平很高，生产经营技术是其专长；还有的创业团队拥有财务、法律、审计等方面的专业知识人才；等等。只有各个层面拥有不同类型的人才，组成创业团队，在创业实践中才能形成“八仙过海，各显神通”的局面，才能形成成员间能力的互补，才能有助于强化团队成员间彼此的合作，才能充分发挥团队的整体功能，做到相互补充，相得益彰。当然，建立优秀的创业团队并非一蹴而就。在创业的过程中，创业团队成员也可能根据具体情况不断调整、不断优化，逐渐孕育形成完美组合的创业团队。

三、创新团队与创业团队的组建

无论创新还是创业，对社会和国家都有着非常重大的意义，也是实现团队价值和个人价值的重要体现。创新团队和创业团队的组建具有一定的共性，又存在一定的差异，是需要细化研究分析的。

（一）创新团队的组建

1. 促进合理集聚，实现团队与项目的良好匹配

通常情况下，创新团队的形成需要先探索一批处于分散和游移状态的创新者，依托一定的创新意愿，产生某个创新科研观点，建立共同的创新项目愿景，这是创新团队形成的

前提性条件。

创新者中兴趣相同的人开始集聚，在这一集聚过程中团队负责人脱颖而出，发挥着重要的作用。最终目标就是要形成一个内部整合良好，并且与项目良好匹配的创新团队。所以团队与项目的匹配性跟科学家向科研项目集聚的过程是密切相关的。创新团队建设要特别关注这一过程。

团队在进行深化研究创新项目过程中，当一个科研项目通过探讨、头脑风暴、同行评审等方式生成之后，它对研究团队会提出更为具体和更高的要求，这就是团队与项目的匹配性的问题。这种匹配性又是通过一种选择机制来实现的，只有某些特殊的人才能通过这种选择机制，走向项目，汇聚成团队。集聚过程也是一个选择的过程，也就是说这种集聚是通过一个选择机制来实现的。在这一选择机制中，创新者的学科、专业、资历、声望、态度、趣味、职称、年龄、价值观，以及相关制度和研究条件等都是必须考虑的因素。只有进行周密系统的选择才有可能实现团队与项目之间的匹配性。如果匹配失败，那么研究目标就很难实现。

需要指出的是，只有适合而匹配的项目才能最大限度地内嵌自我。项目对研究者来说，必须不是过于困难，也不是过于简单，并且同时符合研究者的研究趣味和理想。“只有这样的选择才能够激发主体最强烈的兴奋，保持高度的注意力和最活跃的思维。”这一点对创新团队的指导意义就是要选择最适合的研究项目。如果研究项目过于困难或过于容易，不能突出最大限度地内嵌自我，此时，创新团队要么放弃项目的研究，这很可能意味着团队的解散与终结；要么对创新团队的结构进行必要的调整，新的有实力的成员被补充进来，以增强研究力量，进而使原来显得过于困难的课题可以攻克；还有一种情况则是，原来的那些高水平的或有大抱负的成员退出创新团队，这样团队的整体水平下降，这也使得原来过于容易的课题能够适合现在创新团队。

2. 重视人才队伍建设，为创新团队的建构提供优质人力资源

创新团队实质上是一种创新性科技人力资源的组织模式，因而是以丰富的科技人力资源为依托的。从这种意义上说，是否具有丰富的高质量科技人力资源是决定创新团队建设的一个重要因素。事实上，很多创新团队的问题都是人的问题，如缺乏高水平的科学家、团队结构不合理、团队成员与研究任务不匹配、团队中的利益冲突等。目前，人才强校的办学理念已经得到了各个大学的普遍认可，这意味着必须加强人才队伍建设。这样一种整体氛围无疑将有利于创新团队的发展。

创新团队的人才流失将会导致创新项目的流产，甚至造成团队的失败或其他更为严重的损失，因此，人才队伍的建设，对团队发展的保障起到至关重要的作用。吸纳具有先进

创新能力的创新人才的能力，是衡量一个团队的重要指标。

3. 进行制度创新，为创新团队建构提供制度保障

由于创新实践是科技人才的“用武之地”，也是创新产业生成的源泉，成为创新团队发挥作用的最佳土壤。创新团队在市场竞争的实践多是由创新发展最初阶段开始，也是在内部制度准备不足的情况下发生的，缺乏相应的制度安排来对创新团队进行保护和规范，导致创新团队建设正在遭遇一种制度的瓶颈。

事实上，在团队与项目强力联结的科技工商时代，在很多凭借整体的创新实力进行综合创新的时代，创新团队强化制度建设已经成为不可逆转的趋势，基于创新团队发展的制度建设已经成为创新团队深化发展所面临的迫切问题。

总之，创新制度框架，并由此为创新团队的建设提供一定的制度保障，对创新团队的发展和相关制度的完备都具有重要的意义。

4. 加强后续资助，延长创新团队的生命周期

人们通常认为，创新团队的生命周期就是项目的研究周期，随着项目的完成，团队也就完成了它的使命，从而走向终结。这其实是一种肤浅的认识。创新团队的生命周期与项目的研究周期是两个不同的概念。项目研究周期结束后，一般来说团队的生命周期并没有结束。这是因为一个团队的研究任务可能是广泛的，它并不只是研究某个单一而具体的项目，另外，项目研究周期结束后，往往会有后续研究，或开辟了新的研究领域，这也需要创新团队继续存在。即使随着项目研究周期的结束，团队趋于瓦解，但团队精神、风格、合作的经验与教训等会被保留下来，团队成员之间还会保持某种业务联系与学术交往，这也是将来进一步合作的基础。从这种意义上说，团队的生命周期并没有结束。当然，团队的生命周期的延长并不意味着团队就此形成一个封闭的、固化的组织，相反它应当保持一种开放的态度，及时对团队的结构进行调整，不断地生成新的研究目标。只有这样才能焕发出生命活力。

一般来说，经过一个项目周期的磨合后，团队内部会趋于一种整合良好的状态。相对一个临时组建的团队而言，内部整合良好的创新团队具有更高的研究效率。另外，一个内部整合良好的创新团队会节省团队的建设成本，特别是时间成本。在一个科学技术飞速发展的时代，创新者在前沿展开激烈的竞争，都在试图抢夺制高点，所以时间成了创新者最关心的问题。一个成熟的团队往往能够直攻重大科学问题。现实的情况是，由于后续资助的中断，一个有良好的合作基础的创新团队在不该终结的时候无奈地走向了终结。项目是创新团队生成的前提性条件，同样，项目也是创新团队进一步发展的前提性条件。创新团队生命周期的延长同样需要项目来支撑。当然，一个有一定的前期研究基础的、成熟的创

新团队可能有更强的获取项目的能力，也更容易在项目竞争中获胜。

一些在攻克重大科研项目上有突出表现的创新团队往往是从一个相对弱小的团队逐步发展壮大而形成的，这一过程可能是漫长而艰难的，需要不断地提供资助以延长它的生命周期，增强它的生存能力。还有一种情况就是，一个规模较大的、成熟的创新团队发展到一定的程度可能分裂成两个甚至更多的创新团队。这是一种团队的衍生现象，也就是一种团队催生团队的现象。事实上，这种现象在大学中并不罕见，特别是在那些有团队传统，并且研究资源比较丰富的研究型大学常有发生。当然，还可以设想，分裂出来的团队继续发展壮大，然后继续催生出更多的团队，从而产生链式反应。这种现象当然不是团队生命周期的结束，相反，团队的生命以一种繁衍的方式在延续，这也是团队发展的一种理想模式。

5. 交叉营建，实现创新团队、创新平台与学科建设的良性互动

创新团队建设在当代大学中并不是一个孤立的事件。跟创新团队建设一样，创新平台建设与学科建设也是当代大学的热点议题。创新团队、创新平台与学科是当代大学学术事业的主要支撑点。这三者之间是一种交叉营建的关系，并通过交叉构建来实现三者之间的良性互动与整合提升。创新平台是由学科来托起的，高水平的学科是建立高水平的研究平台的前提条件，而创新团队既是研究平台中的一个关键性变量，又是推进学科建设的重要力量。反过来，高水平创新团队也需要高水平的学科与研究平台来孵化。创新团队应当主动融入这一关系模式。创新团队正是在创新平台与学科建设的交会点上完成自身的建构的。

创新平台是一个研究资源的组织与运行模式。所谓平台一般都有一个比较高的起点，也就是说在平台的建设过程中要追求一种卓越性。一个平台往往依附于某种制度框架，如具有独立组织地位的实验室、研究中心等。高水平的研究平台，能够显示大学创新实力，能够保证大学直攻重大科研项目。研究型大学的高水平研究平台建设是国家科技发展战略的需要。基于这样的创新平台往往能够构建大型的战略导向型创新团队。战略导向型创新团队是指有着明确的战略目标的创新团队，它的建构是基于国家科技发展战略的需要。战略导向型创新团队能够在某个科学和技术领域进行重大的科技创新。大型研究平台与战略导向型创新团队往往植根于多个学科领域。

学科则是大学最基本的要素，大学的运行是以学科为轴心来展开的，所以学科具有根本性的地位，学科建设也因此而具有可持续发展的意义。为了加强和推进学科建设，大学开始组建学科团队，而学科团队则是创新团队的重要表现形式。学科团队主要是在某一相对固定的学科领域进行学术研究，其主要目标就是创新和整理学科知识，发展学科的概念

框架，进而整体提升学科的水平。当然，学科团队也能够从事相关科研项目的研究，科学研究与学科建设之间是相互促进、相互依赖的关系。很显然，相对于依托创新平台而建构起来的战略导向型创新团队来说，通常情况下的学科团队是一种学术导向型创新团队。学术导向型创新团队并不存在一个宏大的战略目标，它的组建也并不出于某种战略性的科研任务，但是学术导向型创新团队却具有先导性和基础性，重大的战略型创新团队往往需要学术导向型创新团队来孕育。

（二）创业团队的组建

创业团队建设关系到创业企业的成败。一个成功的创业团队具有显著的特征，构建优秀创业团队要重点把握创业团队人才构成和创建要素。

1. 凝聚目标共识

对于创业团队的构建，最重要的就是要有一个共同的目标，这是团队拥有战斗力的核心。组建创业团队，首先应形成目标共识，只有目标达成一致，团队成员才能明确自己为什么创业和怎样创业，才能增进团结，形成同呼吸、共命运的共同体，才能心往一处想、劲往一处使，才能形成团结协作的战斗集体，同心同德，攻坚克难，取得事业上的成功。

2. 建立有力的组织体系

组织体系如同一个健康机体的脉络，结构合理才能保持健康机体各部分功能正常运行，实现整体的协调运转。如果组织体系不健全就会使局部功能无法发挥，整体协调出现困难，组织统领全局的作用就难以实现；如果组织庞杂，就会使局部协调交叉重叠，出现互相扯皮的现象，也会造成资源的浪费。只有设立的组织体系平行层面设置全面，纵向层次清晰，形成一个科学合理的组织系统，加上有效的管理才能体现组织的整体功能，有效发挥团队战斗力。

3. 科学配备人员

团队战斗力最终是由人员的工作表现和系统业绩体现的。要发挥组织团队的战斗力，组织人员的配备至关重要。组织机构要发挥有效的功能，一方面要保证人才结构的合理性，这是保证各项功能发挥的前提，任何一个层面缺少了专业人才，都难以实现好的组织效果；另一方面，每个层面的人员数量要合理，少了，不够用不行；多了，人浮于事效率低下，也不行。在组建团队之前，要根据组织体系的要求，认真分析岗位特点，合理确定人员配备。

4. 明确责权范围

组织的协调配合是检验团队战斗力的重要指标。要使团队有一个好的表现，部门间职责、权限以及各自的规章制度必须具体明确。既不能有职责权限出现无人管理的空缺地带，又不可出现职责权限重叠、互相扯皮的情况。只有职责权限界定清楚、制度健全科学合理，各部门才能协调统一，运作有力，实现军团作战的功效，发挥团队整体效能。

5. 有效的计划组织

团队的功能作用究竟如何，要通过完成一定的工作任务来体现。这需要对组织赋予一定的工作任务，以实现团队的正常运转。因此，一方面要合理制订工作计划，另一方面要通过科学的调度指挥、组织制度机制，保证工作按时保质保量地完成。所以团队的正常运转要靠计划组织指挥的科学合理来实现。

思考题

1. 创新对人类社会发展和个人有什么意义？
2. 创业与创新之间有什么关系？
3. 创业者应具有哪几方面的能力？
4. 创业团队的组建的要素有哪些？

第二章　创新思维与创业精神

导读

创新是民族进步的灵魂，是一个国家兴旺发达的不竭动力。创新能力是技术和各种实践活动领域中不断提供具有经济价值、社会价值、生态价值的新思想、新理论、新方法和新发明的能力，是经济竞争的核心。大学生应该积极响应时代的召唤，培养创新意识、创业精神，努力成长为创新人才，投入到创新创业的时代洪流中。

学习目标

1. 了解创新思维与创新能力
2. 掌握创业精神与创业素质

第一节　创新思维与创新能力

一、创新思维概述

（一）创新思维的定义

创新思维是指以新颖独创的方法解决问题的思维过程，通过这种思维能突破常规思维的界限，以超常规甚至反常规的方法、视角去思考问题，提出与众不同的解决方案，从而产生新颖的、独到的、有社会意义的思维成果。

创新思维的本质在于将创新意识的感性愿望提升到理性探索上，实现创新活动由感性认识到理性思考的飞跃。它具有独创性、超前性、变通性、敏感性的特征。

创新思维是创新的核心和基础，对创新成功有着非同寻常的意义。大量试验表明，进行专门性、创造性思维训练，可以使人们的创造性思维水平提高10%~40%。了解创新思维，掌握创新思维训练方法，对提高人们的创造能力具有重要的意义。

（二）创新思维的特征

1. 独创性或新颖性

创新思维贵在创新，或者在思路的选择上，或者在思考的技巧上，或者在思维的结论上，都具有“前无古人”的独到之处，具有一定范围内的首创性、开拓性。

2. 灵活性

创新思维没有现成的思维方法和程序可循，所以，它的方式、方法、程序、途径等都没有固定的框架。进行创新思维活动的人在考虑问题时可以迅速地从一个思路转向另一个思路，从一种意境进入另一种意境，多方位地试探解决问题的办法，这样，创新思维活动就表现出不同的结果或不同的方法、技巧。

3. 艺术性

创新思维活动是一种开放的、灵活多变的思维活动，它的发生伴随有“想象”“直觉”“灵感”之类的非逻辑、非规范的思维活动，具有极大的艺术性，他人不可能完全模仿、模拟。

4. 对象的潜在性

创新思维活动从现实的活动和客体出发，但它的指向不是现存的客体，而是一个潜在的、尚未被认识和实践的对象。

（三）创新思维的类型

1. 发散思维

（1）发散思维的概念

发散思维又称“辐射思维”“放射思维”“多向思维”“扩散思维”或“求异思维”，是指从一个目标出发，沿着各种不同的途径去思考，探求多种答案的思维。不少心理学家认为，发散思维是创造性思维最主要的特点，是测定创造力的主要标志之一。

发散思维是大脑在思维时呈现的一种扩散状态的思维模式，比较常见，它表现为思维视野广阔，思维呈现出多维发散状。通过从不同方面思考同一问题，如“一题多解”“一事多写”“一物多用”等方式，培养发散思维能力。

（2）发散思维的类型

立体思维。立体思维是指思考问题时跳出点、线、面的限制，立体式进行思维。

平面思维。平面思维是指人的各种思维线条在平面上聚散交错，也就是哲学意义上的普遍联系，这种思维更具有跳跃性和广阔性，联系和想象是它的本质。人们通常所说的形象思维属于平面思维的范畴。

逆向思维。逆向思维是指悖逆通常的思考方法，即从相反方向思考问题的方法，也叫作反向思维。因为客观世界许多事物之间甲能产生乙，乙也能产生甲，如化学能能产生电能，电能也能产生化学能。

侧向思维（旁通思维）。侧向思维是指从与问题相距很远的事物中受到启示，从而解决问题的思维方式。当一个人为某一问题苦苦思索时，在大脑里会形成了一种优势灶，一旦受到其他事物的启发，就很容易与这个优势灶产生联系，从而解决问题。

横向思维。横向思维是指相对于纵向思维而言的一种思维形式。纵向思维是按逻辑推理的方法直上直下的收敛性思维；而横向思维是当纵向思维受挫时，从横向寻找问题答案。正如时间是一维的、空间是多维的，横向思维与纵向思维代表了一维与多维的互补。

多路思维。多路思维是指对一个有多种答案的问题，朝着各种可能解决的方向，去扩散性思考该问题各种可能答案的思维。从不同角度、不同逻辑起点、不同思维程序考察客观事物，形成多方面、多层次、多因素、多变量的整体认识。

解决问题时不是一条路走到黑，而是从多角度、多方面思考，这是发散思维最一般的形式（逆向、侧向、横向思维是其中的特殊形式）。

组合思维。组合思维是指从某一事物出发，以此为发散点，尽可能多地与另一事物联结成具有新价值（附加价值）的新事物的思维方式。

（3）发散思维的方法

一般方法。主要有以下几类。

a. 材料发散法：以某个物品尽可能多的“材料”，以其为发散点，设想它的多种用途。

b. 功能发散法：从某事物的功能出发，构想出获得该功能的各种可能性。

c. 结构发散法：以某事物的结构为发散点，设想出利用该结构的各种可能性。

d. 形态发散法：以事物的形态为发散点，设想出利用某种形态的各种可能性。

e. 组合发散法：以某事物为发散点，尽可能多地将它与别的事物进行组合以形成新事物。

f. 方法发散法：以某种方法为发散点，设想出利用方法的各种可能性。

g. 因果发散法：以某个事物发展的结果为发散点，推测出造成该结果的各种原因，或者由原因推测出可能产生的各种结果。

假设推测法。该方法是指假设的问题无论是任意选取的，还是有所限定的，所涉及的都应当是与事实相反的情况，是暂时不可能的或是现实不存在的事物对象和状态。由假设推测法得出的观念可能大多是不切实际的、荒谬的、不可行的，这并不重要，重要的是有些观念在经过转换后，可以成为合理的、有用的思想。

集体发散思维。发散思维不仅需要用上自己的全部大脑，有时候还需要用上身边的无限资源，集思广益。集体发散思维可以采取不同的形式，如头脑风暴法。

2. 收敛思维

（1）收敛思维的概念

收敛思维也叫作“聚合思维”“求同思维”“辐集思维”“集中思维”，是指在解决问题的过程中，尽可能利用已有的知识和经验，把众多的信息和解题的可能性逐步引导到条理化的逻辑序列中，最终得出一个合乎逻辑规范的结论。

收敛思维也是创新思维的一种形式，与发散思维不同。发散思维是为了解决某个问题，从这一问题出发，想的办法、途径越多越好，总是追求还有没有更多、更好的办法；而收敛思维则是为了解决某一问题，在众多的现象、线索、信息中，向着问题的一个方向思考，根据已有的经验、知识或发散思维中针对问题的最好办法去得出最好的结论和最好的解决办法。

（2）收敛思维的方法

①辏合显同法。该方法是指把所有感知到的对象依据一定的标准“聚合”起来，显示它们的共性和本质。

②求异思维法。如果一种现象在第一个场合出现，第二个场合不出现，而这两个场合中只有一个条件不同，这一条件就是现象的原因。寻找这一条件，就是求异思维法。

层层剥笋法（分析综合法）。在思考问题时，最初认识的仅仅是问题的表层（表面），因此，也是很肤浅的东西；然后层层分析，向问题的核心一步一步地逼近，抛弃那些非本质的、繁杂的特征，以便揭示出隐蔽在事物表面现象内的深层本质。

目标确定法。平时接触到的大量问题比较明确，很容易找到问题的关键，只需要采用适当的方法，问题便能迎刃而解。但有时，某个问题并不是非常明确，很容易产生似是而非的感觉，将人们引入歧途。这个方法要求我们首先要正确地确定搜寻的目标，进行认真的观察并作出判断，找出其中关键的现象，围绕目标进行收敛思维。目标的确定越具体则该方法越有效，不要确定那些各方面条件尚不具备的目标，这就要求人们对主客观条件有一个全面、正确、清醒的估计和认识。目标也可以分为近期的、远期的、大的、小的；开始运用时，可以先选小的、近期的，熟练后再逐渐扩大。

在实际生活中，我们也常遇到选择目标的情况。如我们急需一篇计算机打字稿上交，但专职打字员又没在，可能就用自己的两个手指非常不规范地用比打字员长的时间打出来上交了；有的人指责你的打字水平太低，太不规范，而且速度慢，应该先去打字班训练。

这里就有目标的问题，前者是为了及时上交打字稿件，不是为了学习打字；而后者则是为了学习规范打字，提高打字的速度和质量。显然，目标不同，处理问题的方法也会不同。

聚焦法。聚焦法就是人们常说的沉思、再思、三思，是指在思考问题时，有意识、有目的地将思维过程停顿下来，并将前后思维领域浓缩和聚拢起来，以便帮助我们更有效地审视和判断某一事件、某一问题、某一片段信息。由于聚焦法带有强制性指令色彩，其一，可通过反复训练，培养我们的定向、定点思维的习惯，形成思维的纵向深度和强大穿透力，犹如用放大镜把太阳光持续地聚焦在某一点上，就可以形成高热；其二，由于经常对某一片段信息、某一件事、某一问题进行有意识的聚焦思维，自然会积淀起对这些信息、事件、问题的强大透视力、溶解力，以便最后顺利解决问题。

3. 联想思维

（1）联想思维的概念

联想思维是指在人脑内记忆表象系统中由于某种诱因使不同表象发生联系的一种思维活动。联想思维和想象思维可以说是一对孪生姐妹，在人的思维活动中都起着基础性的作用。

联想思维是在创新过程中运用概念的语义、属性的衍生、意义的相似性来激发创新思维的方法，它是打开沉睡在头脑深处记忆的最简便和最适宜的钥匙。

（2）联想思维的类型

接近联想。时间或空间上的接近都可以引起不同事物之间的联想，就是接近联想。诗歌中有关时空接近的联想的佳句很多，如“春江潮水连海平，海上明月共潮生。滟滟随波千万里，何处春江无月明”。作者将春江、潮水、大海与明月（既相远又相近）联系在一起。

相似联想。从外形或性质上的、意义上的相似引起的联想，都是相似联想。如“春蚕到死丝方尽，蜡炬成灰泪始干”“床前明月光，疑是地上霜”等。

对比联想。由事物之间完全对立或存在某种差异而引起的联想，就是对比联想（相反特征的事物或相互对立的事物间所形成的联想）。文学艺术的反衬手法，就是对比联想的具体运用。例如，描写岳飞和秦桧的诗句“青山有幸埋忠骨，白铁无辜铸佞臣”。

因果联想。由于两个事物存在因果关系而引起的联想，就是因果联想。这种联想往往是双向的，可以由因想到果，也可以由果想到因。

类比联想。类比联想就是通过对一种事物与另一种（类）事物对比，而进行创新的方法。其特点是以大量联想为基础，以不同事物间的相同、类比为纽带。

4. 灵感思维

灵感思维也称作顿悟，是人们借助直觉启示所猝然迸发的一种领悟或理解的思维形式。其是指经过长时间的思索，问题没有得到解决，但是突然受到某一事物的启发，问题就被一下子解决的思维方法。诗人、文学家的“神来之笔”，军事指挥家的“出奇制胜”，思想战略家的“豁然贯通”，科学家、发明家的“茅塞顿开”等，都是灵感的体现。灵感来自信息的诱导、经验的积累、联想的升华、事业心的催化。

灵感思维具有以下特点。

（1）突发性

灵感往往是在出其不意的刹那间出现，使长期苦思冥想的问题突然得到解决。在时间上，它不期而至，突如其来；在效果上，突然领悟，意想不到。这是灵感思维最突出的特征。

（2）偶然性

灵感在什么时间可以出现，在什么地点可以出现，或在哪种条件下可以出现，都带有很大的偶然性而使人难以预测，往往给人以“有心栽花花不开，无意插柳柳成荫”之感。

（3）模糊性

灵感的产生往往是闪现式的，而且稍纵即逝，它所产生的新线索、新结果或新结论使人感到模糊不清。

（四）常见思维障碍

在现实生活中，为什么越是简单的问题越容易让人掉以轻心，并由此出错？因为急于求成的人总是容易首先从自己的经验定势和主观愿望出发，习惯按常规思维办事，进入思维障碍的陷阱。在现实中，人们常见的思维障碍包括以下几项。

1. 从众性思维

从众心理是指放弃独立思考，盲目相信大众，一切跟在别人后面，不出头，不冒尖的心理。例如，学习从众，报考高考的热门专业；消费从众，购买大家都喜欢买的热门商品。殊不知，只有与众不同的想法，才能有与众不同的机会，得到与众不同的收获。

每个人都是独立的个体，也是社会中的一员。作为社会的成员，面对外在的世界，应该通达和顺应，顺应规则、遵从法度，这一切都是可以称作外化的东西。但是一个人之所以成为他自己，更应该是坚持自己的秉性而不要随波逐流，有他独特的价值观，有他独特的风格，有他自己内心的秉持。在现实生活中，人们总有一些从众心理，似乎有了不同的意见想法就成了不合群的人，我们怕听到反对的声音而放弃自己独特的想法，与此同时也放弃了改变生活的大好时机。只有那些敢于表达他们与众不同想法的人，才能变得与众不同。而创新思维更需要我们打破从众性思维，才能破旧创新。

2. 习惯性思维

习惯性思维，即定式思维，是指人们在面对新事物、新问题时习惯用之前的思维方式，对新事物、新问题不加分析、不加思考的麻木重复。其主要特征是对问题的思考总是按照第一次的方向和次序进行。习惯性思维对人们解决问题，既有积极作用，也有消极作用。从积极的一面看，习惯性思维可以极大地节约时间和精力，提高人们解决问题的效率；从消极的一面看，习惯性思维容易使人们走进思维的死角，钻牛角尖，不利于问题的解决。对于一个立志于创新的人来说，我们应打破习惯性思维障碍对我们的约束，进一步优化自己做事的方式和方法，充分发挥主观能动性以寻求更新更好的思维方法。

3. 刻板型思维

所谓刻板，是指呆板、机械、缺乏变化。刻板型思维即指思考的过程中不懂变通，思路单一。人们在解决简单问题时，刻板思维通常能解决问题。但当问题稍微复杂时，刻板思维不但无济于事，还会导致错误的发生。刻舟求剑的故事深刻阐述了这个道理。在思维活动中，常常会发生一些新情况，面对新情况应打破刻板，随机应变，迅速作出反应，从而摆脱困境，顺利达到理想目的。

4. 权威型思维

权威常常是在某领域内有力量、有威望、有地位的人，权威之所以成为权威，是因为他们在某个领域很有建树，他们的意见和建议能使我们事半功倍，人们常常对学识、能力比自己强的人产生尊敬和崇拜，不敢去质疑后者的观点。这种不敢质疑、过分相信权威将极大地阻碍人们的创新思维，因为其思考的领域，就只能是在权威限定的框架里。

二、创新能力的培养

（一）创新能力的含义

创新能力是技术和各种实践活动领域中不断提供具有经济价值、社会价值、生态价值的新思想、新理论、新方法和新发明的能力，是经济竞争的核心。

（二）创新能力的内容

1. 发现问题的能力

著名物理学家爱因斯坦（Einstein）说过：提出一个问题，往往比解决一个问题更重要，因为解决问题也许仅是一个数学上或试验上的技能而已，而提出新的问题，新的可能性，从新的角度去看旧的问题却需要有创造性的想象力，而且标志着科学的真正进步。要促进创新思维的发展，就要具备发现问题的能力，这样，在提出问题和解决问题时，思维才能活动起来，思维能力才可能在解决问题的过程中发展起来。

2. 流畅的思维能力

创新能力以思维流畅作为基础。流畅的思维能力使人们遇到问题时思维活动畅通无阻，灵敏迅速，在短时间内对某事物的用途、状态等作出准确的判断，提出多种解决的方法。

3. 变通的能力

变通的能力使人们思路开阔，能善于根据时间、地点、条件等的变化，迅速灵活地从一个思路跳到另一个思路，从一种意境进入另一种意境，从多角度、多方位探索并解决问题。

4. 独立创新的能力

爱因斯坦说过，应当把发展独立思考和独立判断的一般能力放在首位。提高创新思维能力必须在思维实践中不迷信前人，不盲从已有的经验，不依赖已有的成果，能够独立地发现问题、思考问题，在独辟蹊径中找到解决问题的有效方法。

5. 制订方案的能力

制订创新方案是创新的核心。创新首先要明确一个方向和目标，只有明确方向，才能制订创新方案，围绕方案努力下去，才可能有创新结果。

6. 评价的能力

创新是个复杂的过程，在方案的实施中会遇到多种方案，如何选择最优方案，就需要对其进行评价，作出决策，这就要求创新者具备评价能力。

（三）创新方法

1. 缺点列举法

所谓缺点列举法，就是通过对已有的、熟悉的事物进行深入的分析，在对其缺点——

列举的基础上，找出相应的解决方案，从而完成创新的方法。

缺点列举法可以帮助我们突破“问题感知障碍”，启发我们发现问题，找出事物的缺点和不足，从而有针对性地进行创新和发明。而对于企业来说，如果能站在消费者的立场上，切实解决产品存在的问题，就能进一步满足消费者的需求，赢得市场的认可，从而为企业带来可观的经济效益。

2. 头脑风暴法

头脑风暴法又称“智力激励法”，就是让一组人员运用开会的方式，通过相互启发、相互激励、相互补充，在短时间内极大地调动个人的创造力，引起连锁反应和共振效应，产生尽可能多的创造性设想。

头脑风暴法应遵循以下基本原则。

（1）庭外评判原则（延迟评判原则）

庭外评判原则是指对各种意见、方案的评判必须放到最后阶段，此前不能对别人的意见提出批评和评价。认真对待任何一种设想，而无论其是否适当和可行。

（2）自由畅想原则

自由畅想原则是指欢迎各抒己见，自由鸣放，创造一种自由、活跃的气氛，激发参加者提出各种荒诞的想法，使与会者思想放松，这是智力激励法的关键。

（3）以量求质原则

以量求质原则是指追求数量，意见越多，产生好意见的可能性越大，这是获得高质量创造性设想的条件。

（4）综合改善原则

综合改善原则是指探索取长补短和改进办法。除提出自己的意见外，鼓励参加者对他人已经提出的设想进行补充、改进和综合，强调相互启发、相互补充和相互完善，这是智力激励法能否成功的标准。

3. 综摄法

综摄法是指以已知的东西为媒介，将毫无关联、不同的知识要素结合起来，以打开未知世界之门，从而激起人们的创造欲，使潜在的创造力发挥出来，产生众多的创造性设想的方法。综摄法有以下两个基本的原则。

（1）变陌生为熟悉（异中求同即异质同化）。变陌生为熟悉，即在头脑中把给定的陌生事物与以前熟悉了解的事物进行比较，借此将陌生的事物转化成熟悉的事物。

（2）变熟悉为陌生（同中求异即同质异化）。变熟悉为陌生，即对已有的各种事物，选用新知识或从新的角度来观察、分析和处理，以摆脱陈旧固定的看法的桎梏，产生出新的创造构想，即将熟悉的事物转化成陌生的事物看待。

4. 形态分析法

形态分析法是根据形态学来分析事物的方法。其特点是将研究对象或问题，分为一些基本组成部分，然后对某一个基本组成部分单独进行处理，分别提供各种解决问题的办法或方案，最后形成解决整个问题的总方案。这时，通过不同的组合关系会得到不同的总方案。每个总方案是否可行，必须采用形态学方法进行分析。

5. 信息交合法

信息交合法，又称为要素标的发明法、信息反应场法。信息交合法是一种在信息交合中进行创新的思维技巧，即将物体的总体信息分解成若干个要素，然后将这种物体与人类各种实践活动相关的用途进行要素分解，把两种信息要素用坐标法连成信息标 X 轴与 Y 轴，两轴垂直相交，构成“信息反应场”，每个轴上各点的信息可以依次与另一轴上的信息交合，从而产生新的信息。

信息交合法不但能使人们的思维更富有发散性，应用范围也更广泛得多，而且，这种方法有助于人们在发明创造活动中，不断地强化逻辑思维能力的培养，同时在创造思维、创造教育中，作为教学、培养、培训方法，显得更有系统性、深刻性和实用性。

（四）大学生创新能力的培养

当今社会的竞争，与其说是人才的竞争，不如说是人的创造力的竞争。培养创新能力，争当创新人才能为即将到来的职业生涯做好准备。大学生创新能力的培养，应从以下几个方面入手。

1. 树立自觉创新意识

创新意识是人们对创新与创新的价值性、重要性的一种认识水平、认识程度以及由此形成的对待创新的态度，并以这种态度来规范和调整自己活动方向的一种稳定的精神态势。

创新意识是创新的前提和条件，只有在自觉自愿的创新意识的强力催动下，才可能有创新实践活动的产生。在知识经济时代，创新包括了技术创新、制度创新、管理创新、文化创新等，涉及社会生活的方方面面。就大学生个人而言，创新既是前进的动力，又是发展的必经之路，所以，在就业和创业过程中，必须牢固树立创新意识。

（1）激发自身的创造动力。寻找真正感兴趣的学习或工作，或者在现在从事的学习、工作中找到兴趣点；寻找学习、工作中的自我满足点；接受更具挑战性的任务；设立自己的目标，并努力达到目标。通过以上一系列措施，激发自身创造活力。

（2）保持高涨的创造兴趣能促进创造活动的成功。对所学习或研究的事物要有好奇心，好奇心能使人们产生强烈兴趣。牛顿少年时期就有很强的好奇心，他常常在夜晚仰望天上的星星和月亮。星星和月亮为什么挂在天上？星星和月亮都在天空运转着，它们为什么不相撞呢？这些疑问激发着他的探索欲望。后来，经过专心研究，终于发现了万有引力定律。

能提出问题，说明在思考问题。在学习过程中，自己如果提不出问题，那才是最大的问题。正像爱因斯坦说的那样："我没有特别的天赋，只有强烈的好奇心。"

（3）具有正确的创造情感。创造情感是引起、推进乃至完成创造的心理因素，只有具有正确的创造情感才能使创新成功。

（4）培养创造意志。创造意志是在创造中克服困难，冲破阻碍的心理因素，创造意志具有目的性、顽强性和自制性。在日常学习生活中，大学生应培养严谨求实、坚持不懈、一丝不苟的优良品格才能取得创新的成功。

2. 提高创新思维能力

创新思维能力是可以通过有意识地培养和训练提高的。大学生学习生活中要注重突破思维障碍，自觉提高创新思维能力，应从以下几个方面入手。

（1）对所学习或研究的事物要有怀疑态度。不要认为被人验证过的都是真理，要用发展的眼光看问题。许多科学家对旧知识的扬弃，对谬误的否定，无不是从怀疑开始的。因此，怀疑是发自内在的创造潜能，它激发人们去钻研，去探索。

（2）对所学习或研究的事物要有追求创新的欲望。如果没有强烈的追求创新的欲望，那么无论怎样谦虚和好学，最终都是模仿或抄袭，只能在前人划定的圈子里周旋。要创新，我们就要坚持不懈地努力，勇敢跳出前人划定的圈子，勇敢面对困难，同时要有克服困难的决心，不要怕失败，要相信，失败乃成功之母。

（3）对所学习或研究的事物要有求异的观念，不要"人云亦云"。创新不是简单的模仿，要有创新精神和创新成果，必须有求异的观念。求异实质上就是换个角度思考，从多个角度思考，并将结果进行比较。求异者往往要比常人看问题更深刻、更全面。

（4）对所学习或研究的事物要有冒险精神。创造实质上是一种冒险，因为否定人们习惯了的旧思想可能会招致公众的反对。这种冒险不是那些危及生命和肢体安全的冒险，而是一种合理性冒险。大多数人都不会成为伟人，但我们至少要最大限度地挖掘自己的创造潜能。

（5）对所学习或研究的事物要做到永不自满。一个有很多创造性思想的人如果浅尝辄止、故步自封，害怕去想另一种可能比这种思想更好的思想，或已习惯了一种成功的思想而不能产生新思想，那么这个人就会变得自满，停止创造。

（6）努力学习科学知识，构建合理的知识结构。一个苹果砸到牛顿头上，他发现了万有引力；伽利略看到小孩玩玩具发明了温度计；门捷列夫玩纸牌发现了元素周期表。真理永恒不变，我们要用发展的眼光看问题，跳出思维定式和已有知识的束缚，永远行走在寻找真理的路上，从纷繁复杂的表象里，找到真理存在的一角，则为创新。但是，创新思维不是某天的突发奇想，牛顿、伽利略、门捷列夫哪一个不是知识渊博，对所研究事物殚精竭虑不懈探索的人？所以，大学生应该努力学习，广泛涉猎，以丰富的知识和广博的学科视野撑起创新思维的翅膀，以不断提高的创新思维能力助推创新能力的起飞。

3. 积极开展创新实践

实践对认识具有决定作用。实践是认识的来源，是认识发展的动力，是认识的最终目的和检验认识正确与否的唯一标准。大学生只有积极投身创新实践，才能培养创新能力，提高创新水平。

（1）在日常学习生活中开展创新实践。创新是一个不断发现问题、解决问题的复杂过程。大学生在日常学习生活中，可在教师引导下，或学生自觉、有意识地，本着不唯书、不唯上的科学探索精神，不断发现问题、分析问题、解决问题，在实践中提高创新能力。

（2）注重参加创新创业实践平台练兵活动。各级高等院校大力开展创新创业教育活动，他们积极搭建大学生创新创业平台，在夯实基础教育的同时，潜心培育大学生创新能力、建设大学生创新实践基地，设立特色鲜明的学科竞赛项目，引导大学生开展创新创业实践。大学生可以在学校积极参加活动，在实践中练兵，培育和提高创新能力。

（3）顺应时代潮流，走向社会开展创新创业实践。知识经济时代，信息技术的发展深刻改变了人们的学习、生活和社会环境。知识经济时代良好的政策环境和各种便利的创新要素的支持，为大学生创新实践提供了良好的生态环境。大学生要勇于把握时代脉搏，积极投身到大众创业、万众创新的时代洪流中开展创新实践活动。

第二节　创业精神与创业素质

一、创业意愿

（一）创业意愿的含义

意愿是一种心理状态，引导个人的注意力甚至是经验和行动，为了获得某件东西（某种方法），而指向一个特定的目标（目的）或道路。意愿表明了行动者对于行为有目的的和自发的状态，行动者可以意想他的行为，但是没有办法意想行为的结果。创业者的欲望与普通人欲望的不同之处在于，他们的欲望往往超出他们的现实条件，往往需要打破他们现在的立足点，打破眼前的樊笼，才能够实现。

在创业意愿的理论研究中，创业意愿是潜在创业者对从事创业活动与否的一种主观态度，是人们具有类似于创业者特质的程度，以及人们对创业的态度、能力的一般描述。创业意愿旨在创立一家新公司或是在已有的公司中创造出新的价值增长点。创业意愿有两个维度：一是内源/外源维度，即创业者的意愿（内源）和利益相关者、市场等的意愿（外源）；二是理性/直觉维度。理性的、分析的和因果导向的心理过程是商业计划、机会分析、资源获取、目标设定和大多数目标指导行为的基础。直觉的、整体的和情景性的思维，如愿景、预感等，同样驱使着创业者坚定不移地去追求创业目标。

（二）影响创业意愿的因素

第一，个体特质对个体的创业意愿具有重要的影响，它在很大程度上决定了个体的创业意愿。影响创业意愿的心理特征有成就欲望、内控信念、风险承担倾向、识别和利用机会的能力、模糊性承受能力、处理问题的风格、企业家的个人价值观选择等。

第二，创业环境的影响。首先，包括经济、社会、文化、政治等因素；其次，涉及便利创业过程的来自外在环境的所有支持或帮助服务。

第三，从学生接受的创业教育的角度看，个人背景、在校经历、前瞻性人格、创业能力、具备的创业知识都会影响个体的创业意愿。

第四，在计划行为理论中，对创业意愿的研究发现，创业意愿主要由三个方面决定：一是态度，是指个人对行为所抱有的积极或消极评价；二是感知行为控制力，即个体感知到的执行某种行为的控制能力；三是主观规范，即影响个体决策的外界因素，包括个人感知到的来自配偶、家属、朋友、老师、医生、同事等重要参照个人或群体对行为的期望。

二、创业精神

（一）创业精神的含义

创业精神是指在创业者的主观世界中，那些具有开创性的思想、观念、个性、意志、作风和品质等，其主要表现为勇于创新、敢当风险、团结合作、坚持不懈等。创业精神是创业的动力，也是创业的支柱。没有创业精神就不会有创业行动，也就无从谈创业成功。

（二）创业精神的核心维度

尽管不同的创业精神论述在具体的维度构成认识上有所差异，但特定的创业事件是不同程度的创新性、冒险性与主动性的组合，这就是创业精神的基本特征。以往大量研究所采用的创业精神均可分为上述的三个维度。它们的具体含义是：创新性，是指新奇的研发，开发独特的产品、服务方式或生产流程；冒险性，是指愿意尝试具有较大失败可能性的机会；主动性，是指在克服障碍时的创造力与持续的努力。在研究中，通常以这三方面的行为表现来对创业精神进行测试。

在比尔·盖茨看来，成功的首要因素就是冒险，有冒险才有机会，正是有风险才使得事业更加充满跌宕起伏的趣味。创业家的冒险，迥异于冒进。什么是冒险？什么是冒进？冒险是这样一种东西，你经过努力，有可能得到，而且那东西值得你得到。否则，你只是冒进。创业者一定要分清冒险与冒进的区别，要区分清楚什么是勇敢，什么是无知。无知的冒进只会使事情变得更糟，你的行为将变得毫无意义。

（三）创业精神的来源

创业精神并非天生，而是在一定的社会、经济、政治、文化及个人等条件中形成的。换而言之，影响创业精神形成的因素主要有经济、文化、政治及家庭和自身情况。

1. 经济形式与创业精神的形成

经济形式是人类经济的运行形式，是影响创业精神形成的至关重要的决定性的因素。自然经济这一经济运行形式是不需要创业精神的，同时，它也不可能产生和形成创业精神，因为自然经济是一种相对落后、封闭和孤立的经济。

创业精神是商品经济发展的产物，商品经济才是创业精神产生的天然土壤。因为，在商品经济中，市场是方方面面联系的纽带，市场竞争是“最高权威”，企业时时都处于一个充满风险、充满机会的急剧变化的竞争环境之中。因此，在商品经济条件下，在市场竞争这一压力机制下，创业者是否具有冒险、创新和竞争意识，决定着企业的生存与发展，决定着企业能否顺利地完成“惊险的跳跃”。正是这种优胜劣汰、极具竞争性的商品经济的存在和发展，创业者才有了展露自己才华的舞台，才产生了冒险、创新等创业精神。

2. 文化环境与创业精神的形成

创业精神的形成需要一种适合的、特定的文化环境。而特定的文化也会形成特定的创业精神。在士、农、工、商等级森严的环境中，在重农抑商的文化中，是不可能形成创业精神的，诱发人们的只能是“做官为荣”“升官发财”的价值取向，产生的只能是“头悬梁、锥刺股”的“读书做官”“学而优则仕”精神，一旦皇榜高中，便可光宗耀祖，封妻荫子，“一人得道，鸡犬升天”。在这种文化氛围中，即便是“经商”，最终也是为了挤进仕途。

适合创业精神形成的文化环境，应该是没有森严等级规定而只有社会分工不同的环境。人们在这种分工环境中，只要获得了成功，就会赢得较高的社会地位。在这种文化中，人们尤其赞誉那些经济上的成功者，因为人们知道，经济的发展是人类社会发展和文化进步最终依赖的根本。

3. 经济体制和政治体制与创业精神的形成

创业精神产生于特定的经济和政治体制中。这种体制的特征是把政府官员与企业家严格区分开来各行其是、各负其责。就经济体制而言，在高度集中的计划经济体制下，是不可能产生真正意义上的创业者的。因为企业是国家机构的“附属物”，它没有生产经营的自主权，一切依照“上级”的指令行事，企业的领导人无须去挖空心思，殚精竭虑为企业的生存发展担忧。

在市场经济体制下，企业是市场主体，市场是企业的指挥棒，各方利益均要通过市场来实现。企业如果没有精明的领导人，如果缺乏创业精神，就很难生存和发展。因而，市场经济呼唤创业者和创业精神，市场经济是产生和形成创业精神的基础。就政治体制而言，在政企不分的政治体制下，也不可能游离出真正意义上的创业者，不可能产生创业精神。

4. 创业者家庭和自身情况与创业精神的形成

形成创业精神的个人因素，包括创业者的家庭状况和创业者的自身状况。就创业者的家庭状况而言，其家庭的社会地位、经济条件、成员，尤其是父母的受教育程度、信仰、工作性质、性格及教育子女的方式方法，对创业精神的形成都有着十分重要的影响。

（四）创业精神的作用

创业精神能够激发人们创业实践的欲望，是心理上的一种内在动力机制。它在很大程度上决定着一个人是否敢于投身创业实践活动，支配着人们对创业实践活动的态度和行为，并影响着态度和行为的方向与强度。

创业精神能够渗透到以下几个广阔的领域产生作用。①个人成就的取得：个人如何成功地创建自己的企业。②大企业的成长：大公司如何使其整个组织都重新焕发创业精神，以具有更强的竞争力和创造高成长。③国家的经济发展：帮助国家及其人民变得富强。

（五）创业精神的培育

创业精神的培育不仅需要创业者提高自身的学识修养，更需要制度建设。学识修养是软件，制度建设是硬件。不能只靠内在的修养，还要靠制度的调节。

1. 建立创业精神的主体孵化机制

创业精神的某些特质是一种天赋，即成功的创业者的许多资质都是天生的。美国微软公司联合创始人比尔·盖茨不是靠幸运取得成功的，微软也不是建立在偶然基础上的软件帝国。盖茨是计算机天才，更是经营和管理天才。他的非凡的事业心和进取心，他的高瞻远瞩和异常敏锐的市场嗅觉，对商机的直觉和判断力是很多人都无法比拟的，也无法超越的。需要指出的是，在强调天赋的同时，还应该看到后天的学习对创业精神培育的作用。创业精神的孵化离不开创业者个人自身的勤奋学习、不断进取以及对某些特质、个性的刻意培养和强化。

2. 保持思想上的先进性

先进的思想理念是行动成功的基本前提。观念上的超前会将创业者置于更高的层次，为其提供更为广阔的视野和更新的观察视角。保持思想上的先进性就是要以动态的、发展的眼光看待问题，时刻与外部环境同步，保持高度的外界敏感度，在此基础上不断地观察、分析与总结。

3. 不断完善知识框架

现代科技的迅猛发展促使创业者的知识架构不断提升和更新。创业者完善的知识架构要靠日积月累，不断充实。一方面要“博”，创业者应该广泛涉猎社会生活知识、人文历史知识、经济学基本理论、管理科学知识和法律法规知识，这将有助于为自己的知识结构筑就广博的“源头活水”；另一方面要“专”，良好的专业技能是创业者事业成功的保证，创业者应该根据自己的兴趣特长深入发掘自己的专业潜能。

4. 培养过硬的心理素质

创业者的心理素质是创业者气质、兴趣、性格的统称。创业者心理素质结构应当合理，即创业者各种气质、兴趣、性格能够兼容互补，减少冲突，达到和谐。

创业者的心理素质培养，应该着力于三个方面。一是培养顽强的忍耐力，塑造百折不挠的韧性。要认识到，困难是人生的常态，挫折是一种投资，所以要百折不挠、勇往直前。二是培养高度的承受力，要学会自我心理调节。商场如战场，市场环境变化无常，福祸难测，创业者要具有良好的心理调节能力，真正做到临危不惧，处乱不惊，受挫不馁。三是要学会独处，注意时常反省自身。戒骄戒躁，不断反省自我，时刻保持真我本色和清醒的头脑。

5. 营造宽松、进取、开拓、创新的社会文化氛围

从社会层面看，创业精神的培育与孵化具有普遍性和广泛性。需要在全社会营造宽松、积极进取、开拓创新的文化氛围，鼓励企业创新创业，使创业者的个性得以完全、充分、自由地发挥。政府相关的政治、经济、法律等激励政策的制定及配套完善的企业服务体系建设，将在很大程度上扶持和促进企业的创新工作，进而有助于创业精神的培育。

社会文化对创业精神的孵化有着重要的影响力。社会文化即民族文化，是全社会成员在共同的生产、生活中所形成的价值观念、行为规范、精神信仰、心理定式、思想意识、风俗习惯、科学文化水平等文化特质。社会文化是创业精神最直接也最充分的营养源头，社会文化中明显的趋势特征往往也会在全社会的创业精神中得到充分体现。

6. 充分发挥政府的服务与导航功能

第一，国家在政治、经济、法律等方面制定的政策和措施，有助于保护企业的相关利益，鼓励创业者积极创业。第二，加强企业服务体系建设，突出重点，鼓励创业，扶持创业企业健康成长。

各国或地区的企业面临的经营问题大同小异，所以，政府向企业提供的支援服务种类也很类似，主要有信息公开、融资服务、基础设施建设、业务拓展支持、科技支援、质量服务和人力资源发展等。

从中小企业的不同成长阶段来看，服务体系建设可粗略地分为两类：一类侧重于创业环境；另一类侧重于成长环境。前者重点在于简化创业手续，降低交易成本，制定鼓励性的政策，加强基础设施建设，营造出激励人们创业的氛围；后者则侧重于满足企业资源外取和扩张的需要，如融资、信息服务、管理咨询等。

7. 健全创业者资源配置机制

经济全球化的一个重要特征就是各类生产要素在全球范围内自由流通配置。创业者作为一种十分关键、特殊、稀缺的资源，只能通过市场配置，才能“人尽其才，才当其值”，从而使这种珍贵的资源得到最充分、合理的利用，发挥最大效益。

这一点现在已达成共识，各级政府正在积极呼吁并着手建立中国的创业者市场，其中的关键是构建合理有效的运行机制，使市场充分体现优胜劣汰的效能，充分体现公开、平等、竞争、择优的市场原则，促进创业者公平竞争、不断自律和自我完善。例如，全面建立实施创业者市场准入制度、建立职业经理人中介机构的职业资格制度等。

三、创业素质

成功的原因都是相似的，失败的原因则各有不同。了解成功创业者表现出来的自身特

质，创业者可以反省自己，针对自己与成功创业者之间的差距，有意识地主动培养，在实践中不断修改、完善与提升自己的素质。

（一）强烈的创业意识

要想取得创业的成功，创业者必须具备自我实现、追求成功的强烈的创业意识。强烈的创业意识，可以帮助创业者克服创业道路上的各种艰难险阻，将创业目标作为自己的人生奋斗目标。创业的成功是思想上长期准备的结果，事业的成功总是属于有思想准备的人，也属于有创业意识的人。

（二）良好的心理素质

创业的成功在很大程度上取决于创业者的心理素质。因为创业之路不会一帆风顺，在创业的过程中难免会遇到诸多的挫折、压力甚至失败，这就需要创业者具有非常强的心理调控能力，能够持续保持一种积极、沉稳、自信、自主、刚强、坚韧及果断的心态，即有健康的创业心理素质。如果不具备良好的心理素质、坚韧的意志，一遇挫折就垂头丧气、一蹶不振，那么，在创业的道路上是走不远的。宋代大文豪苏轼说："古之立大事者，不惟有超世之才，亦必有坚忍不拔之志。"只有具有处变不惊的良好心理素质和越挫越勇的顽强意志，才能在创业的道路上自强不息、竞争进取、顽强拼搏，才能从小到大、从无到有，闯出属于自己的一番事业。

（三）强健的身体素质

强健的身体素质是指身体健康、体力充沛、精力旺盛、思路敏捷。现代中小企业的创业与经营是艰苦而复杂的，创业者工作繁忙，时间长、压力大，如果身体不好，必然力不从心，难以承受创业的重任。

（四）深厚的知识素养

创业者的知识素养对创业起着举足轻重的作用。创业者要进行创造性思维，要作出正确决策，必须掌握广博的知识，具有一专多能的知识素养。具体来说，创业者应该具有的知识：了解科学的经营管理知识和方法，提高管理水平；掌握与本行业、本企业相关的科学技术知识，依靠科技进步增强竞争能力；具备市场经济方面的知识，如财务会计、市场营销、国际贸易、国际金融等。

（五）出色的能力素质

1. 分析决策能力

决策能力是创业者根据主客观条件，因地制宜，正确地决定创业的发展方向、目标、战略，以及具体选择实施方案的能力。创业者需要具有超常的决断能力，为自己的公司争取时间和机会，以获得成功。大学生创业，首先要从众多的创业目标以及方向中进行分析比较，选择最适合发挥自己特长与优势的创业方向、途径和方法。

2. 用人能力

市场经济的竞争是人才的竞争，谁拥有人才，谁就拥有市场、拥有顾客。一个创业者不吸纳德才兼备、志同道合的人共创事业，创业就很难成功。因此，创业者必须学会用人，要善于吸纳比自己强或有某种专长的人共同创业。

3. 组织协调能力

创业者要打开工作局面，就必须学会协调各方面的关系，以便化解矛盾，消除阻力，变消极因素为积极因素，推进创业的顺利进行。

4. 社交能力

社会交际能力是指在创业过程中，围绕创业目标与企业内部人员的交流行为能力以及参与各种社会关系的交往行为能力。社会交际能力是创业者必须具备的能力，它直接影响着创业的成败。

创业者应该能妥当地处理与外界的关系，尤其要争取政府部门、工商及税务部门的支持与理解，同时要善于团结一切可以团结的人，团结一切可以团结的力量，求同存异，共同协调发展。做到不失原则、灵活有度，善于巧妙地将原则性和灵活性结合起来。总之，创业者要搞好内外团结，处理好人际关系，才能建立一个有利于自己创业的和谐环境，为成功创业打好基础。

5. 激励能力

创业的成功，依赖于一个成功的组织。团队组织的目标是让员工充分发挥自己的才能，而创业者就要用各种手段激励员工，使员工之间形成凝聚力。

（六）良好的人格品质素养

1. 使命责任

使命感和责任心是驱动创业者勇往直前的力量源泉，成功的创业者具有高度的使命感和强烈的责任意识。创业活动是社会性活动，是各种利益相关者协同运作的系统，只有对自己、对家庭、对员工、对投资人、对顾客、对供应商，以及对社会拥有高度的使命感和负责精神的创业者，才可能赢得人们的信任、尊重和支持。

2. 冒险精神

创业的开创性需要有冒险精神，需要有胆略和胆识。同时，在创业实践中也要有风险意识，要注意冒险精神和风险意识的平衡，理性思考，降低风险损失。

3. 坚韧执着

创业是对人的意志力的挑战。面对险境、身处逆境能否坚持信念、承受压力、坚持到底常常决定创业的成败；最后的成功往往就在于再坚持一下的努力之中。

4. 真诚诚信

真诚诚信是创业者必备的品质，它体现了成功创业者的人格魅力：讲信誉，守诺言，言行一致，身体力行，胸襟广阔，厚人薄己，敢于承担责任，勇于自我否定，尊重人才，以人为本，倡导团队合作和学习，帮助团队成员获得成就感，坚持顾客价值、公司价值和社会价值的创造。具有良好的口碑可以帮助创业者凝聚人心，鼓舞士气，赢得更多合作者的信任和支持。

（七）充分的竞争意识

竞争是市场经济重要的特征之一，是企业赖以生存和发展的基础，也是立足社会不可或缺的一种精神。创业者如果缺乏竞争意识，实际上就等于放弃了自己的生存权利。创业者只有敢于竞争，善于竞争，才能取得成功。创业者创业之初面临的是一个充满压力的市场，如果创业者缺乏竞争的心理准备，甚至害怕竞争，就只能是一事无成。

思考题

1. 什么是创新思维？
2. 创新思维有哪些特征？
3. 创新能力包括哪些内容？
4. 影响创业意愿的因素有哪些？
5. 创业者应具备哪些能力？

第三章　大学生就业指导与模式

导读

随着高校的扩招，越来越多的人有机会进入大学深造。大学生的数量不断增多，这也加大了毕业生的就业压力。高校应该做好学生的就业指导工作，从而让学生能够顺利就业。当前，受各种因素影响，出现大学生“就业难”的问题，引起了政府、社会、高校的高度重视。因此，对现有的就业指导工作进行全新的审视和改进，更多地从学生自身和市场的需要出发，对学生进行全方位的指导，使之适应大学生就业模式的变迁，有着十分重要的意义。

学习目标

1. 学习大学生就业指导
2. 分析大学生就业指导模式的创新

第一节　大学生就业指导基础

一、就业与就业指导

（一）就业概述

1. 就业的概念

所谓就业，是指具有劳动能力的公民在法定的劳动年龄内，在一定的社会岗位上从事合法的劳动，并因此获得相应的劳动报酬或经济收入的活动。这个定义表明，就业应具备三个基本条件：一是就业的主体是达到法定年龄的劳动者，并从事社会劳动；二是这种劳动得到社会承认并且是合法的；三是劳动者所从事的劳动要有一定的报酬或收入。凡是具备这三种基本条件者，就属于已经就业。因此，无论是在国家机关、企事业单位谋求到职业，还是自主创业、灵活性就业，都应视为就业。

所谓大学生就业，是指完成学业的大学毕业生，根据国家的有关就业政策和规定，依据社会需要和自身具备的条件，按照一定的程序谋得职业，从事经济或其他有益于社会的劳动，并取得报酬或经济收入的活动。

2. 就业的分类

为了更清楚、更准确地认识就业的状况，社会工作者将纷繁复杂的就业现象从不同的角度进行分类。一般分为以下几大类：①从我国户籍管理制度的角度进行划分，就业可分为城镇就业和乡村就业。②从产业类型的角度进行划分，就业可分为第一产业就业、第二产业就业和现代服务业。③从国民经济不同行业的角度进行划分，就业可分为农林牧渔业、采掘业、制造业、建筑业、邮电通信业、交通运输业、餐饮业、金融业、保险业、教育、体育、文艺、科研、党政机关、社会团体以及其他行业等不同行业的就业。④从就业形式的角度进行划分，就业可分为集中性就业与分散性就业，又称为正规就业与非正规就业。⑤从就业状态的角度进行划分，就业可分为充分就业和不充分就业。

（二）就业指导的含义

劳动者为了维持生活，实现自身的价值，为社会作出贡献，就必须选择最能发挥自己才能的职业，与生产资料和工作岗位全面、迅速、有效地结合。这种结合开展的教导性工作就是就业指导。

就业指导有狭义和广义之分。狭义的就业指导是给求职择业的劳动者传递就业信息，为其与职业的结合进行中介服务，帮助劳动者求职择业，实现就业。广义的就业指导是为劳动者选择职业、准备就业以及在职业中求发展、求进步提供知识、经验和技能。就业指导的过程包括预测就业市场——汇集、传递就业信息，开展就业政策咨询，进行思想教育，培养劳动技能，组织劳动力市场，以及推荐、介绍和组织招聘等与就业有关的综合性社会咨询服务活动。

二、大学生就业指导的主要内容

大学生是我国人力资源的重要组成部分，是社会主义现代化建设的重要力量，是国家宝贵的人才资源，是我国实现跨越式发展的重要力量。然而，随着高校毕业生就业制度的改革及就业形势的变化，大学毕业生就业难的问题日益突出，就业形势日益严峻。在当前形势下，积极做好大学毕业生就业指导工作，引导和帮助大学毕业生顺利就业、正确就业、成功创业，是解决大学毕业生就业难的一个重要途径，也是帮助大学毕业生实现全面发展的重要手段。

大学生就业指导课是帮助学生设计职业发展计划，了解国家的就业方针政策，树立正确的就业观，促进和帮助毕业生顺利就业的有效手段，其主要内容有以下几个方面。

（一）职业生涯规划指导

职业生涯规划是人生事业的开端，职业选择的好坏在一定程度上决定了一个人的命运，所以职业生涯规划对大学生至关重要。职业生涯规划是指导大学生在自己的职业生涯中不迷失方向，在职业变化中坚定自己的职业理想，坚持努力，实现人生价值的重要内容。

（二）就业政策指导

就业政策指导是就业指导的基础。宏观政策和产业变迁的内容，对于大学毕业生顺利就业、走好职业生涯之路具有重要的参考价值。但是一些毕业生不清楚相关的政策规定，不了解自己有哪些权利和义务，更不知道应该如何行使自己应有的权利。就业政策指导，可以帮助大学毕业生克服择业时的随意性、盲目性和片面性，走出择业的“误区”，消除毕业生择业时的困惑和不切实际的幻想，增强择业的有效性，提高择业的成功率。

（三）就业信息指导

就业信息指导是就业指导的重点，能够及时掌握社会需求信息、用人单位信息、招聘信息，已经成为大学毕业生找工作时的关键所在。学校和就业指导部门只有搜集和掌握广泛的社会需求信息，才能为大学毕业生创造尽可能多的就业机会，也才有可能对大学毕业生进行就业指导。

（四）就业思想指导

就业思想指导是就业指导的中心，其内涵有三点：①帮助大学毕业生树立正确的择业标准；②帮助大学毕业生确立高尚的求职道德；③帮助大学毕业生选择正确的成才道路。

（五）就业技巧指导

就业技巧指导是就业指导的基本内容之一，一般来讲，面临就业选择的大学毕业生，普遍有惶恐感。就业技巧指导，主要是帮助大学毕业生认识自己的择业条件，掌握自我推荐的方式、应聘和面试的技巧，树立竞争意识、把握机遇意识。这样，在求职择业中就能掌握主动，战胜求职障碍。

（六）就业心理指导

就业过程中遭遇挫折是正常的，但有部分同学对此处理不当，出现焦虑、烦躁等心理过激反应，部分大学毕业生甚至会出现严重的心理失衡现象。对这些问题的处理，需要就业指导老师介绍一些心理调适的方法，引导同学正视自我、正视现实、不怕挫折、面向未来，以良好的心态迎接挑战。就业过程中的心理调适包括心理咨询、心理辅导和集体授课等形式，需要根据实际情况灵活处理。

（七）认识社会职业和社会需求

对社会职业和社会需求的认识是大学毕业生选择社会职业的前提。引导大学生认识社会职业和社会需求，需要从以下几方面进行：提供用人单位的详细信息；提供用人单位的需求信息；提供社会职业对专业、知识结构、能力结构的要求；提供对上述方面信息的分析方法。就业指导应提供基本的分析方法，作为大学毕业生认识社会职业和社会需求的入手之策。

（八）创业指导

大学毕业生自主创业是时代的要求，也是我国高校毕业生就业体制改革所大力提倡的。自主创业需要大学毕业生具有扎实的基础知识和专业知识的功底；需要有独立思考、勇于创造的科学精神，积极探索未知领域的愿望和勇气，不怕困难、坦然面对逆境的良好素质；也需要有自主创业的各方面的能力。这一切都对大学生的就业指导提出了更高的要求。

三、大学生就业指导的主要方式

一般来说，大学毕业生就业指导常采取集体指导与个别指导、日常指导与集中指导、校外指导与校内指导相结合的形式。当然，具体采取哪种方法，还要根据具体情况而定。主要方式有以下几点。

（一）开设就业指导课或系列讲座

①对就业政策与形势做分析，帮助大学生正确分析形势，掌握政策，把握社会需求，

调整择业期望；②择业技巧指导，包括自荐方式、求职信的写法、面试常识、礼仪常识、个人资料准备等；③信息收集与处理，包括信息渠道、信息节选、有选择地确定目标、利用有效的信息进行较合理的决策；④择业心理调适，对自卑、自负、挫折等择业心理现象作出正确分析，帮助毕业生进行心理调整；⑤进行必要的集中教育，帮助毕业生树立正确的职业道德观，为走向社会做准备。

（二）开展择业咨询

也就是回答大学生就业的有关问题，为同学们选择职业提供一些意见和建议。咨询的内容包括职业信息、自我评价、就业政策、择业等。

（三）请有关人士介绍经验

可以请专家、教授、校友、成才者对毕业生进行现身说法，介绍我国及世界教育发展的形势，介绍本校及国内其他院校的发展情况，介绍个人工作中的经验和体会。通过实际情况介绍，用榜样的力量引出社会需要什么样的大学生，以及如何在实际工作中发挥才干，努力成才等结论，这是有针对性地开展就业指导的重要方法。

（四）活动指导

根据教材内容编排一个模拟情景，以最接近真实情况的设计，让学生参与到模拟场景中，扮演求职者的角色。这种形式可以使学生体会到诸如人才交流会、面试等场面，对其求职知识的运用、求职心态的调整、决策能力的训练、价值观念的澄清等都有课堂教育难以达到的效果。通过参观、兼职、试工等形式，学生可以亲临工作现场，能够增进对职业的感性认识。劳动实习也是一种最为直接的职业教育形式，一方面学生可以亲身体验工作领域，另一方面可以从劳动实习中检验自己的各种素质，以作为进一步调整与改进的依据。

（五）发挥媒体的作用

可以利用各种媒体营造就业指导的舆论氛围，潜移默化，增强日常就业指导的渗透性和广泛性。如利用校刊、广播和有关学生社团刊物，有导向性地进行就业指导，同时，还可以利用学生的校园文化活动，借此开展有关择业的活动，如举办模拟招聘活动、“大家谈就业”征文活动等，引导大学毕业生开展讨论，充分调动毕业生的参与意识和积极性。

四、大学生就业的有利形势分析

职业是一个人安身立命之本、施展抱负之基、成就自我之途。选择了一种职业就是选择了一种生存方式、一种生活甚至一段人生。可见，职业选择，对于人的一生有着重要的影响。但是，职业有时却是可望而不可即的，由于多种原因，大学生就业难已经成了一个不争的事实。

（一）人口结构变化使劳动力供给增长放缓

我国正在发生变化，在一定程度上反映了劳动力供求关系的变化。我国劳动适龄人口的总量开始减少，在新生劳动力供给方面，大学生将占据一半左右的水平，农村务工人员总量特别是跨省流动农村务工人员的增速减缓，并逐步趋于稳定。城镇化加速推进所释放的农村富余劳动力和劳动力素质的提高，仍然不能弥补劳动力人数减少对经济增长造成的负面影响。

（二）经济新常态致就业结构发生变化

我国经济发展从传统的要素驱动向创新驱动转变，是经济新常态的反映。传统上，我国扩大就业主要依赖的是经济增长速度，但在经济增速逐渐放缓的情况下，解决就业问题开始依赖结构升级和产业优化。

我国的经济新常态有四个典型特征，即：我国经济正在从高速增长转向中高速增长；经济发展方式正从规模速度型粗放增长转向质量效率型集约增长；经济结构正从增量扩能为主转向调整存量、做优增量并存的深度调整；经济发展动力正从传统增长点转向新的增长点。因此，认识新常态、适应新常态、引领新常态，是当前和今后一个时期我国经济发展的大逻辑。

传统上，我国就业扩大主要依赖的是经济增长速度。但在经济增速逐渐放缓的情况下，开始更加依赖于经济结构的升级和优化。然而，经济增速的放缓并未削减就业扩大的动力。

其中的原因，就在于产业结构的优化和升级，大大抵消了经济增速下滑对就业带来的冲击。事实上，由于产业结构的调整，使得第三产业的就业吸纳能力大大增强了。随着资本投入的加大和技术、机器设备的换代升级，很多传统制造业通过“机器替代人”的方式降低了对劳动力的需求。同时，电商、游戏等在互联网浪潮之下趁势崛起的新产业以及一些自主创业衍生出的新业态却对就业展现出了相当大的吸纳力。同时由于“大众创业、万众创新战略”的实施，激发了全民创新创业的活力，全国新增创业企业数量逐年攀升，创新创业就业吸纳作用明显。

（三）非公有制经济单位对高校毕业生的需求急剧增加

非公有制市场主体作为社会主义市场经济的重要组成部分正飞速发展，并在国民经济中占有越来越大的比例。非公有制单位对人才的需求也越来越受到毕业生的重视。特别是东南沿海等广大较发达地区的非公有制经济迅速增长，对高校毕业生的需求急剧增加。

（四）高新技术企业对高新技术人才需求量非常大

知识经济成为现今世界经济发展的主流，高新技术企业在我国飞速发展，使得对高新技术人才的需求量逐步扩大，因此与高新技术有关的毕业生在人才市场上非常“紧俏”，如计算机应用、计算机软件、通信工程等专业在需求量排序中名列前茅。各地区、各行业都在积极吸引高新技术人才，争相提供优厚条件，为其创造良好的工作、生活和学习环境。

（五）中西部和三、四线城市用人需求旺盛

20世纪末，国家开始大力实施西部大开发、中部崛起和振兴东北老工业基地战略，中西部地区经济发展加速，用工需求旺盛，工资水平不断上涨，与东部地区的差距逐渐缩小。

（六）我国社会对知识和人才越来越重视

根据我国国民经济和社会发展的要求，我国经济建设将转移到主要依靠科技进步和提高劳动者素质的轨道上来。目前我国中小企事业单位的技术管理人才奇缺，严重制约了其发展步伐。许多单位超编严重，但高层次人才和技术人才奇缺，科技创新能力不强，企业竞争力低下。因此，企事业单位对“质量就是生命，人才就是效益”已逐步达成共识，“尊重知识，尊重人才”已在我国蔚然成风，高校毕业生有了越来越多的用武之地和更为广阔的发展前景。

（七）大学毕业生就业市场已经初步形成

以各高校为主体的校园招聘活动已经具有一定的规模，高校就业信息网开始发挥积极作用。随着高校毕业生就业制度改革的不断深化，毕业生就业的供需信息渠道不通畅、信息量不足的问题将会得到解决。与此同时，毕业生就业指导越来越受到重视。不少高校开办讲座、开设就业指导课程，这对帮助毕业生成功就业起到良好的促进作用。

（八）各种积极的帮扶政策调节就业压力

正所谓挑战与机遇并存，困难与希望同在，虽然大学生在就业时可能会面临种种困难，但同时也存在很多机遇。不管是国家提出的种种鼓励、支持政策，还是各高校、各单位提供的机会平台，对于大学生来说都是一个很好的机遇。每一年，教育部及地方都会出台相关的就业帮扶政策，以支持大学生就业。

为促进高校毕业生多渠道就业创业，努力实现更高质量和更充分的就业，教育部关于高校毕业生就业作出了以下几个方面的指示。

1. 鼓励毕业生服务国家发展战略

（1）引导毕业生到重点领域就业

各地各高校要围绕国家经济社会发展需要，主动对接国家发展战略需求，向重点地区、重大工程、重大项目、重要领域输送毕业生。结合“一带一路”倡议、京津冀协同发展、长江经济带发展，大力开拓就业岗位。落实区域协调发展战略，引导毕业生到中西部地区、东北地区和艰苦边远地区就业。

（2）促进毕业生到新兴领域就业创业

各地各高校要结合建设科技强国、质量强国、航天强国、网络强国、交通强国、数字中国、智慧社会的要求，引导毕业生到高技术产业、战略性新兴产业、先进制造业和现代服务业等领域就业创业；深入挖掘互联网、大数据、人工智能和实体经济深度融合创造的就业机会，在共享经济、现代供应链、人力资本服务等领域拓展就业新空间。

（3）鼓励毕业生到国际组织实习任职

各地各高校要加大政策支持力度，在经费资助、教学管理、就业服务等方面出台具体举措。高校要结合人才培养特色和学科优势，加快培养具有参与全球治理能力的高素质人才。加强与国际组织的联系，拓宽合作交流渠道。及时收集发布国际组织招聘信息，把国际组织相关内容纳入就业指导教材和课程，通过开展讲座报告、项目推介、组建社团等多种方式，为毕业生到国际组织实习任职提供咨询、指导、培训等服务。

2. 鼓励毕业生到基层就业

（1）拓宽毕业生基层就业渠道

各地各高校落实好基层就业学费补偿代偿等政策，实施高校毕业生基层成长计划。服务乡村振兴战略，引导毕业生到现代种植业、农产品加工、农村电子商务等一二三产业就业创业。继续组织实施好“教师特岗计划”“大学生村官”“三支一扶”“西部计划”等中央基层就业项目。鼓励毕业生到城乡基层从事教育文化、健康养老、扶贫开发等工作，到社会组织就业。

（2）继续做好大学生征兵工作

各地各高校要加强与兵役机关协调配合，落实学费资助、复学升学、就业创业等优惠政策，共同组织咨询周、宣传月等活动。加强高校大学生征兵机构建设，面向毕业生、在校生及新生等群体开展宣传动员，在高校放暑假前对体检、政考合格的学生发放《大学生预定兵通知书》。

（3）鼓励毕业生到中小微企业就业

各地各高校要充分发挥中小微企业吸纳毕业生就业的主渠道作用，广泛收集发布岗位信息，办好全国中小企业网上百日招聘等活动。省级教育部门要积极配合人力资源社会保障、税务、中小企业主管部门等，落实小微企业吸纳毕业生的社保补贴、培训补贴、降税减负等优惠政策。高校要关心毕业生在中小微企业的成长发展，支持毕业生在小微企业进行产品研发和技术创新。

3. 提供全方位就业指导服务

（1）优化就业精准服务

各地各高校要广泛应用“互联网+就业”新模式，通过新职业网、智慧就业等平台，根据毕业生和用人单位需求，开展精准对接服务。推动搭建跨区域、跨行业、跨类别的招聘信息服务平台，鼓励举办分层次、分类别、分行业的中小型校园招聘活动，更多采用网上初选、线下面试的便捷校园招聘模式。

（2）加大就业困难群体帮扶力度

各地各高校要重点帮扶建档立卡贫困家庭、少数民族、身体残疾等毕业生就业困难群体，配合有关部门落实好求职创业补贴等政策。要通过开展个性化辅导、组织专场招聘、优先推荐岗位、发放求职补助等方式，确保困难群体就业一个不能少、一个不能掉队。要与人力资源社会保障部门做好离校未就业毕业生的信息衔接和服务接续工作。

（3）规范就业工作管理

各地各高校要严格落实就业签约“四不准”要求，即，不准以任何方式强迫毕业生签订就业协议；不准将毕业证书、学位证书发放与签约“挂钩”；不准以户档托管为由劝说毕业生签订虚假协议；不准将顶岗实习、见习证明材料作为就业证明材料。建立健全毕业生参与的就业状况统计核查机制。严禁发布带有歧视性内容的招聘信息，严密防范“培训贷”、求职陷阱、传销等非法行为，切实维护毕业生权益，确保校园招聘活动公平、安全、有序。有条件的地区要积极推动建立入职定点体检和结果互认机制，尽力避免手续过于烦琐、重复体检。

（4）提高就业指导能力

各地各高校要加强就业指导教师的培养培训，在专业技术职务评聘中充分考虑就业指导教师的工作性质和工作业绩，推进就业指导教师队伍职业化、专业化、专家化。把学生职业发展与就业指导课程贯穿于整个人才培养体系，将课程与学科专业相融合，探索慕课等新型课程形式。要为大学生职业发展提供个性化咨询指导。

（5）充分发挥高校毕业生就业状况反馈作用

各地各高校要认真落实就业情况统计和监测责任制，确保就业数据真实准确。不断完善就业质量评价指标体系，按时向社会发布高校毕业生就业质量年度报告。鼓励开展毕业生就业创业与职业发展状况跟踪调查，推动形成就业与招生计划、人才培养、经费拨款、院校设置、专业调整的联动机制。

4. 加强组织领导和宣传教育

（1）强化组织保障

各地各高校要认真落实就业“一把手”工程，建立就业工作目标责任制，切实做到就业创业工作“机构、人员、经费、场地”到位。省级教育部门要加强与相关部门的协调配合，共同研究制定就业政策，开展就业服务。高校要完善就业部门牵头，学工、招生、教学、创业、武装等部门参与的工作机制，形成“齐抓共管”的工作格局。

（2）加强监督检查

各地各高校要开展就业创业政策和工作落实情况督促检查，建立就业创业情况通报、约谈、问责等工作制度，对工作创新成效显著的要总结经验、表扬推广；对于不履责、不作为的现象要及时纠正并要求限期整改，对发生就业率作假等违规行为的要严肃查处并追究领导责任，确保政策和工作落实到位。

（3）深化思想教育和宣传引导

各地各高校要落实全国高校思想政治工作会议精神，把思想政治工作融入高校毕业生就业创业工作全过程，坚持立德树人，引导毕业生树立科学的就业观和成才观。加强正面宣传，广泛宣传基层就业创业毕业生典型事迹，宣传解读国家促进就业创业的政策措施，努力营造有利于就业创业的良好舆论氛围。

五、开展就业指导的意义

（一）改变大学生就业观念

就业观念是否正确对大学生毕业后能否顺利就业是一个基本条件；对大学生进行有效的就业指导，可以帮助大学生树立一个正确的就业观念，从而选择出适合自己的职业，成为用人单位所需要的人才，对大学生实现自身价值有重要的意义。通过开展一系列教学活动，能够正确引导学生自主就业的意识，并树立起正确的价值观与人生观，将自身的发展与国家、社会的利益相结合，并愿意为自己的职业生涯与社会发展付出积极的努力。就业具有风险，自主创业是每一位大学生应该具有的就业意识。

（二）帮助学生正确地认识自己

大学生终有一天会走向社会，而职业则是学生进入社会的一种方式，大学生必须在社会中找到适合自己的职业才能够充分发挥出自身的能力，实现自我价值。而找到适合自己的职业是一个重要环节。许多毕业生对于就业都很迷茫，不知道什么样的职业才是适合自己的职业。这是由于大部分学生从小学开始把主要的精力都集中在学习上，缺少对自己行为的反思，而另一种情况则是有些大学生仍处于生长发育阶段，心理尚未成熟，自我认识不足，导致找不到适合自己的职业。而通过就业指导课程的开展，有目的性地引领学生真正理解自己的兴趣、能力与人格；并了解自己能够更好地掌握怎样的技能，从而清楚自己所喜欢的以及可以适应的职业与工作。通过引导学生对自身的优势和劣势进行分析对比，帮助学生了解自身的现状，从而找出自己还有哪些不足之处，合理分析自己对职业的定位，形成初步的职业定位。大学生在进入大学校园之后，应着重关注自己的兴趣爱好，这样才能快速地发展自己的综合素质，提高自己的能力水平。

（三）提高学生就业能力

大学生的就业能力是指其在校的期间内通过对专业知识的学习、累积对自己潜能的发掘，从而满足自己就业理想与目标的过程。就业能力不仅仅是指大学生毕业求职就业的能力，还包括找到工作后保持工作、转换工作，作为社会人可以长期发展的能力。就业能力的主要核心是专业能力、学习能力、创新能力、实践能力。许多的原因导致我国大学生存在学习能力弱、职业目标不明确、实践能力低、专业能力不强等现象，通过开展就业指导，可以使学生对职业成功的因素有一定的了解，对所需知识与技能的态度有了一定的转化；帮助学生建立起自立自信的决心，并学会收集与管理就业信息，制订出个人就业行动计划；在课程中培养学生掌握求职的各种技能，例如，表达能力、沟通交流能力、分析能力、判断能力、解决问题的能力等；重视对大学生就业指导活动的开展，让学生主动把人才需求与自身就业相结合，让自己得到全面的发展。像这样有计划的就业指导，可以帮助大学生全面了解我国的就业指导政策，从而树立一种正确的求职观念，帮助大学生打下坚实的就业基础。

（四）迎合了严峻就业形势的需要

自我国开始大学生扩招之后，越来越多的高中生有了进入大学中深造的机会，高等教育的普及率有了大幅度的提高。但是随之也引发了一系列的相关问题，学生的就业，就是诸多问题中的一个重要方面。尽管政府和高校十分重视学生的就业问题，也先后出台了一系列政策，采取了一系列措施，来加强大学生的就业工作，但是受制于形势的严峻性，这一问题在短时期内仍然难以彻底地解决。所以在这种情况下，对在校学生进行就业指导，帮助他们选择并准备从事一项适合自己的职业，就显得尤为重要，这不仅关系着学生今后一生的发展，还关系到学校的办学声誉、国家的政治和经济建设，以及整个社会的稳定性。

（五）能适应就业制度改革的需要

随着改革开放和社会主义市场经济体制的建立，我国大学生从原来的统招统分，过渡到了一定范围和条件下的自主择业和双向选择，这给大学生带来了的巨大压力，也是国家进步的重要表现。择业自主度越高，学生们择业时候遇到的失败经历就越多。因为大学生在学校里，很少接受就业的相关指导和培训，加之个人对工作的要求比较高以及就业市场不规范，致使很多大学生难以在毕业后及时地找到自己满意的工作。

（六）顺应了时代发展的要求

进入21世纪以来，随着科学技术的大发展和社会的急剧变革，人类社会的发展呈现出几个特点：①在高度发展的过程中，常有跳跃式和发展急剧变革；②高度分化和高度综合并行；③知识经济的时代已然来临，用知识创造财富已经变成了现实。

面对这样的时代发展特点，高校有责任和义务对学生进行充分的就业指导，首先，社会分工加速，很多旧的职业随时都会消失，所有人都要树立终身学习的意识，同时具有相应的职业选择能力和个人规划能力。其次，不同类别职位数量比例的变化越来越频繁，表现为一些职业的职位在经常地增多，另一些职业却在迅速地减少，这种流动性的增大，要求从业者必须要掌握更好的技能。这就要求学校在就业指导中加强对学生生涯规划的教育，从发展和未来的角度，来看待自己的职业。了解社会职业变化的方向，规定和决定个人生涯发展的目标。

第二节　大学生就业指导模式的创新

一、大学生就业指导模式的构成分析

（一）组织模式

近年来，国务院及其下属相关部委相继出台了一系列政策和措施，明确提出了高校就业工作“四到位”（即机构到位、人员到位、场地到位、经费到位）和就业指导“四化”（全程化、全员化、信息化、专业化）要求。大学生就业指导模式的组织建设应当是立体的、系统的和全方位的，组织内部既有各自的目标和任务，又能相互合作、相互协调地开展工作。这就需要充分调动高校内部相关职能部门、各院（系）、就业指导教研室、学生社团的积极性和主动性，强化就业指导的组织功能，并根据客观条件的发展变化，及时作出相应的调整。

（二）运行模式

一般情况下，大学生就业指导运行模式主要包括大学生了解自我、职业环境评价及探索、职业生涯规划、求职择业指导、创新创业教育、职业发展与适应、评估与调整等基本内容。大学生就业指导运行模式是以促进大学生的职业发展，实现大学生的全面发展为目标而构建的。各部分内容是整体运行模式的子系统，在运行过程中有其自身的运行特点和原则。

大学生就业指导运行模式具有普遍性、概括性和现实性的特征，同时也有整体性、全程性、连续性等特点。在这种模式中，就业指导的对象不仅包括在校大学生，也包括择业期内乃至毕业后若干年的往届毕业生。例如，我国现行的大学生就业政策规定毕业生择业期为两年，即毕业生自毕业离校后，在两年择业期内同样是我们指导和服务的对象。再如，一些往届毕业生的一些遗留问题，如职业发展中必要的就业咨询、就业报到证遗失补

办、学籍档案遗失补办、就业协议书丢失补办等，同样也是大学生就业指导的内容。

大学生就业指导运行模式主要由六部分构成：①认识自我，价值观澄清；②环境评价，职业探索；③职业规划，创业规划，方案实施；④就业指导，就业帮扶；⑤职业适应发展指导；⑥评估调整。各部分之间相互促进，相互影响，前后衔接，层层递进，共同促进大学生的职业发展。

（三）课程教学模式

按照国务院文件精神，教育部制定了《大学生职业发展与就业指导课程教学要求》，进一步明确了课程的教学目标、内容、方式、管理与评估等，并要求各高校按照要求，结合本校实际，制定科学、系统和具有特色的课程教学大纲，组织实施本校的大学生职业发展与就业指导课程建设和开展相应的教学活动。

同时，要求各高校进一步改进课程教学模式，充分利用专家讲座、心理辅导、职场人物访谈、企事业单位实习、实训等多形式、多途径的教学方式，为大学生提供全程化的职业发展教育。为进一步强化大学生就业指导课程教学工作，教育部提出各高校教务、学生工作、就业等部门要形成合力，共同推进就业指导课程建设；有条件的高校要成立就业创业指导教研室，深入开展就业指导研究，建立职业生涯发展和就业创业指导课程体系。要结合实际，为学生提供个性化辅导，提高就业指导的针对性和有效性。

要把高校学生职业发展和就业指导课程融入人才培养全过程，结合行业动态和发展要求，建立以课堂教学为主渠道，讲座、论坛、培训为补充，以大学生职业生涯规划大赛、创新创业设计大赛等实践活动为载体的多形式就业、指导课程体系。这些为大学生就业指导课程教学模式建设提供了基本遵循方式。

通常情况下，大学生就业指导课程教学模式主要由课程总体规划、师资队伍建设、课程教学方式及教学重点等部分构成，各部分之间有其相应的具体任务和分工。

（四）思想政治教育模式

在我国高等教育体制中，大学生思想政治教育和就业指导都是高校开展教育教学活动的重要工作内容，在对象、目标、内容、方式、时间、原则和师资队伍等方面，虽然有一定的差异性，但更多的则是共通性，二者相互联系、相互影响，共同作用于大学生的职业发展。

一是两者的教育对象都是大学生这个主体；二是在目标上都是培养合格的社会主义事业建设者和接班人；三是在内容上都是以培养大学生的世界观、人生观和价值观的“三观”教育；四是在教学方式上，都是以课堂教学、实践教学和网络教学相结合；五是两者在时间上虽各有侧重，但总体上都贯穿于大学生在校学习和生活，始终对大学生起着潜移默化的影响；六是两者都坚持理论与实践相结合的原则；七是在教育教学师资上，都是专、兼职相结合。

在大学生就业指导中加强思想政治教育，在思想政治教育中融入就业指导内容，两者相互融合和相互促进，形成一种良性循环，并达到一种相互契合的理想运行状态。

（五）网络化模式

大学生就业指导网络化模式从纵向上看是一个自上而下的层层递进的立体化系统，从横向上看一个相互协调、相互影响的全方位发展体系。大学生就业指导网络化模式虽有其方便、快捷、共享、高效和易于普及的优势，但也有一些诸如安全性、保密性、可靠性、识别性等特点，在某种程度上影响和制约着大学生就业指导网络化模式的健康发展，需要我们认真加以甄别，有效发挥其特有的优势，规避其种种不良影响。

为切实提高大学生就业指导网络化模式的功能和效果，国务院明确要求建立健全高校毕业生就业信息服务平台，提供政策发布、岗位信息、网络招聘、远程面试、指导咨询等就业服务。要大力推动互联网就业服务的健康发展，加强信息监督管理，规范互联网求职就业行为。这为大学生就业指导中网络化模式的建立和完善提供了政策依据。

大学生就业指导网络化模式的建立和健全，需要政府、社会、高校和社会力量等各个方面不懈努力和有序联合，才能使大学生就业指导模式建设工作随着社会现代信息技术的发展和变化而适时更新，从而有效满足大学生日益增长的网络化就业指导需求。

大学生就业指导网络化模式应该是一个立体和全方位的系统模式，既包括国家、省级、市级和县级政府层面建立的就业指导网络系统，也包括高校、社会团体、区域性社会组织等建立的就业指导网络系统。在运行过程中，各个系统层面既相对独立、分工负责，又相互协调、相互促进，共同作用和服务于大学生就业指导模式建设工作。

二、引导大学生了解自我

（一）学会认识自己

人们认识自己的过程其实就是一个全面了解和认知自我的过程。大学生在制定职业生涯规划时，要全面审视和了解自己，对自身性别、专业、兴趣、特长、性格、智商、情商、思维和行为方式等进行全面的自我评估。

第一，选择科学的职业测评系统进行测评，客观地认识自我。职业测评是心理测量技术在职业管理领域的应用，它以心理测量为基础，对人们的职业能力和素质进行相对科学、客观和系统的评价。一般情况下，职业测评结果只是一个较为重要的参考依据，至于具体到个人，则要具体问题具体分析。

第二，通过自我评估，建立职业目标。在自我评估过程中，重点应该放置于使大学生形成明确的自我概念、实现积极有效的自我控制、获得自我责任感并进而转化为选择的力量、决定的力量和行动的力量。大学生自我评估的重点是分析和评价自己的能力、兴趣、职业生涯、人生目标、工作环境、休闲活动和自身偏好等，使大学生达到“知己知彼，百战不殆”的境界，从而依据评估结果建立适合自己的职业发展目标。

（二）澄清职业价值观

职业价值观是个体一般价值观在从业中的体现，它不但决定了人们的择业倾向，而且决定了人们的工作态度，它是个体在长期的社会变化中所获得的关于职业经验和职业感受的结果，它属于个性倾向的范畴。价值观澄清主要是指在人的价值观形成过程中，通过分析和评价的手段，帮助人们减少价值观混乱，促进同一价值观的形成，并在这一过程中有效思考和理解人类价值观的能力。

当前，各种价值观不断地相互碰撞、重组和融合，这在一定程度上影响了大学生的价值观判断，往往会出现“我爱的职业不爱我，爱我的职业我不爱”的尴尬局面。大学生在做职业选择时，面临着职业价值观澄清问题，需要大学生正确认知自己的职业兴趣、职业能力、个人特质、职业价值观、社会需求、职业目标、胜任特征等。这些问题如果不能得到有效的解决，则或多或少地会对大学生正确价值观的树立造成影响，进而影响大学生的职业选择。

高校要充分利用价值澄清理论的原理和方法，对大学生进行世界观、人生观和价值观教育，引导其树立科学的职业价值观。高校就业指导人员不能把价值观直接教给学生，而只能通过分析评价等方法，帮助学生形成适合自己的价值观体系。对大学生价值观形成的引导不能采取封闭式的灌输，而是要让其勇于面对现实，在充分认识自我的基础上，积极参与职业体验、增长社会经验、了解社会需求、遵循价值观基本原则、采取个人取向和集体取向相统一、一元性和多元性相统一原则，以澄清自我价值观念判断、选择和自我教育的协调发展，从而树立科学的职业目标。

三、帮助大学生评价职业环境，完成职业探索

（一）职业环境评价

大学生在确立职业目标时，要充分认识和了解自己所处的职业环境，正确评估环境因素对自己职业生涯发展的影响，客观分析职业环境的特点、现状和发展趋势等情况，准确把握自身在诸多职业环境影响因素中的优势和劣势，清楚自己制定职业规划的内容哪些为环境所允许，哪些为环境所限制。一般来讲，专业是一个人未来职业发展的基础，大学生确立职业目标最基本的出发点就是其所学专业的主导性。

因此，大学生应在充分了解自己所学专业的基础上，依据本专业现状及未来发展趋势，充分分析当前的政治环境、社会环境、经济环境、政策法律、人力资源需求、行业特性、发展前景、工作内容、所需能力、薪资待遇等因素对自己未来职业生涯发展的影响，并对职业环境作出一个客观评价，以利于在复杂的环境中趋利避害，使自己所确立的职业目标更具科学性、客观性和前瞻性。

（二）职业探索

了解和认知职业是大学生进行职业探索的前提和基础。职业探索是一种复杂的心理过程，简单来说，职业探索是个人对自我特质以及各种不同的职业或者工作内涵，乃至对个人环境关系与资源进行探索，以便对未来的职业发展目标确立更明确的导向。大学生在校学习生活期间，大多处于相对封闭的校园环境中，对职业一般不会有太多的认识和了解，在确立职业目标时往往会显得无所适从，也就谈不上我们常说的“人职匹配”的理想状态。因此，进行相应的职业探索，提高大学生的职业探索能力是高校就业指导模式建设工作的一项重要内容。

四、辅助大学生制定合理的职业生涯规划

职业生涯规划对大学生未来的职业发展将起到不可或缺的作用和影响。关注人、培养人、发展人是大学生职业生涯规划的根本，职业生涯规划的最终目的是促进大学生的全面发展。大学生要充分了解职业生涯规划的制定流程，借助一定的职业测评工具，对自己的兴趣、爱好、能力、性格等有一个客观的认识和了解。这样，大学生才能根据自己的职业倾向，结合自身所处的职业环境和专业特点，确立科学的职业目标，制定合理的职业生涯规划，设计最佳的实施路径。

所谓职业生涯规划，是指个人根据对自身因素和客观环境的分析总结和测定，确立自己的职业生涯发展目标，选择实现这一目标的职业，制订相应的工作、培训和教育计划，并按照一定的时间安排，采取必要的行动实现职业生涯目标的过程。一般认为，职业生涯规划理论始于心理学，经过不断发展和融合，哲学、社会学、教育学、管理学、经济学等学科理论逐渐融入并渗透至其中，逐渐发展成为一个综合性、交叉性较强的理论和实践体系。在现实生活中，任何一个目标的实现都离不开对它进行科学认知、系统规划、有效管理和付诸实施，大学生职业生涯规划同样如此。

大学期间是大学生世界观、人生观和价值观形成和发展的重要时期，也是职业生涯建立和形成的重要阶段。大学生要想在未来的职业发展上有所作为，科学、合理的职业生涯规划功不可没。职业生涯规划包括诸多内容，需要我们认真地学习和掌握。因职业生涯规划存在诸多不可控因素的影响，制定超过 10 年、20 年过长的具体规划并没有实际意义。对大学生而言，主要指大学学习、生活期间和毕业后三至五年以内的规划，如学业规划、时间规划、理财规划、健康规划、提升规划等。

大学生在汲取大量知识、培养各种技能的同时，也可能面临着诸如网络、黄、赌、毒等种种诱惑。如何尽快摆脱各种不良的诱惑，最好的办法就是制定科学、合理的职业生涯规划，为自己设立一定的职业发展计划，制定职业发展目标方案，让大学生活的每一个阶段都有目的性，使专业选择、学习方法训练、知识体系构建、能力素质培养和对社会环境、职业环境的认同等方面都服务于自己的职业发展目标。

（一）确立职业目标

大学生在确定好人生目标及职业长期发展目标之后，可将其进行分解，一般情况下，目标可分为人生目标（包括求学、工作及退休后的整个人生的发展规划）和职业目标（即为获取职业至退休这一时间段的目标，又可分为长期、中期和短期目标三种）。长期目标（5~10 年）、中期目标（2~5 年）和短期目标（2 年以内）。短期目标又可分为年目标、月目标、周目标、日目标等。目标是一定时期那个人的努力方向，达到目标的路线可能有多条，方法有多种，但最佳路线的获取和最有效方法的发现，则是大学生顺利实现职业目标的根本保证。

（二）明确职业定位

职业定位就是要为职业目标与自己的潜能以及主客观条件谋求最佳匹配，大学生很少对自己未来的职业发展有一个合理的定位和规划，大多数还是处于迷茫焦虑的状态。就业指导必须立足于现实，切实帮助多数处于不清晰和不确定状态的学生摆脱困惑，引导他们发现与目标激励不同的职业发展路径。科学的职业定位是以自己的最佳才能、最优性格、最大兴趣、最有利的职业环境等基本信息为依据而展开。大学生进行职业定位时，要综合分析自身性别、性格、兴趣、特长、专业等与职业的相匹配程度，从而对自身未来的职业目标进行科学定位。

（三）制定实施路径

制定职业生涯实施路径是大学生职业生涯规划的重要内容，职业目标的顺利实现要有具体的实施路径作保证。实施路径一旦确定，职业生涯规划的所有内容都将围绕着它进行和展开。一般来讲，实施路径越详细越好，例如，大学期间要完成哪些任务和目标，每学年要完成哪些任务，每学期要完成哪些，每个月要达到什么目标，每周甚至每天要完成哪些任务等。

五、丰富就业指导内容，推进就业帮扶

（一）丰富完善就业指导内容

构建大学生就业指导模式的根本目的是促进大学生健康成长成才，帮助大学生了解和掌握就业政策和措施，树立正确的就业观念，保障毕业生顺利就业或成功创业，其主要内容包括形势政策、职业测评、创新创业教育、就业信息、就业心理、择业权益、就业渠道和择业技巧等方面的指导。

高校在开展就业指导时，应根据大学生的专业、性别特点和就业趋向差异等而各有侧重。为切实提升就业指导的质量和效果，高校可在传统指导的基础上，实行分类就业指导，即根据大学生择业需求，如到企业、事业单位招聘考试、公务员报名考试、出国、自主创业、参军、服务基层等，针对不同类型，采取不同的指导方式，不断拓展和完善就业指导内容，提高大学生就业指导运行模式的针对性和时效性。

（二）针对就业困难群体进行帮扶

因多种因素影响，各个高校都会或多或少地出现零就业家庭、优抚对象家庭、农村贫困户、城乡低保家庭、贫穷家庭、女大学生、少数民族大学生以及残疾等就业困难的高校毕业生群体。高校应将就业困难群体大学生列为重点对象实施重点帮扶，增强其就业竞争力，进而实现顺利就业。

高校应高度重视就业帮扶工作，在提供经济帮扶、就业信息帮助的同时，更要帮助就业困难大学生完善知识结构、掌握求职技巧、开发职业潜力、增强专业素养，帮助他们明确职业目标，树立竞争意识，培养职业道德，克服不良的择业心理等。针对各类就业困难群体毕业生在就业过程中表现出来的各种问题，分别开展针对性、个性化的指导与服务，从而最大限度地增强就业能力，促进其未来的职业发展。

六、指导大学生职业适应与职业发展

（一）职业适应指导

大学生就业情况是高等教育成果最直接的体现，而就业指导工作做得是否有效，又直接影响学生就业的质量。有效的就业指导对于学生快速融入岗位、适应社会起到重要的作用。大学毕业生走向社会是其人生发展过程中的重大转折点，也是职业生涯的发展起点。大学生走上工作岗位后往往会发现，职业环境与校园环境有着明显的区别。如何更好地适应全新的环境，如何尽快地完成角色转换，这是大学毕业生走向社会、融入职业环境时将要面临的重要问题。

1. 角色适应

当人们的社会角色发生变化后，往往会很自然地产生一些不适应现象，如戒备、困惑、焦虑、急躁等，这是人们自我保护的本能反应。如果一个人在一定的群体或组织中长期处于这种心理状态之下，势必影响到角色转变和自我发展。因此，大学毕业生走向工作岗位后，要学会调整心态，尽快适应职业角色。

2. 环境适应

大学毕业生步入社会，迈向职场，面对的是全新的职业环境。大学毕业生要正确对待和客观分析自己所处的职业环境，自觉调整心态，积极主动地适应和融入新环境，建立适合自身的职业发展空间。

一是树立良好的个人形象。在社会交往活动中，个人的形象、言行、气质、举止等在交往对象心目中往往会形成综合化、系统化的印象和感觉。良好的个人形象是一个人在社会上的立足之本和立业之基。大学生要想获取理想的职业岗位，并期待在未来的职业生涯中有所建树，必须注重个人形象的树立，在气质培养、人格塑造、职业素养养成等方面不断完善和提高。

二是建立和谐的人际关系。一个人的知识结构和职业素质可以通过后天的学习和锻炼获得，不易改变的是一个人的态度、理念和处世习惯。大学生刚刚走向社会，面对错综复杂的职业环境，更需在人际关系方面调整好自己的“坐标”，尽量避免因人际关系问题而影响自己的职业发展。

（二）职业发展指导

1. 树立终身学习理念

终身学习强调人的一生必须不间断地接受教育和学习，不间断地更新各种知识，保持应变能力，以使其符合时代、社会的需求。大学毕业生是我国人力资源的重要组成部分，是广大青年群体的优秀代表，要实现自身的职业发展目标，更要树立终身学习的理念。

当前社会经济发展进入新常态，科学技术发展一日千里，新旧知识和技能更替进一步加快，大学生要实现高层次、高品质的职业发展目标，仅仅依靠学校的教育教学活动往往难以达到理想的效果，只有依靠终身教育的支持和保障才有可能完成或实现。

2. 强化职业发展

对大学生进行科学合理的职业发展教育，就是教育和引导大学生正确分析职业环境，确定未来职业发展目标，以及制订相应的工作、培训和教育计划，并按照职业发展目标实施路径要求，以实际行动实现职业目标的过程。经过大学的学习和生活，大学生或多或少地进行或接受过相应的职业发展教育，如何对自己的职业生涯规划进行有效的管理，强化未来的职业发展，这是每一位大学生都要重视和解决的问题。

大学阶段正处于职业生涯的准备和选择阶段，大学生通过学校教育和自身规划，将职业发展教育融入综合素质教育之中，自觉加强职业生涯规划管理，树立良好的职业意识，选择正确的职业发展方向，这是促进自身未来职业发展的前提与基础。

思考题

1. 就业指导的含义是什么？
2. 大学生就业指导的主要内容是什么？
3. 开展就业指导的意义是什么？
4. 如何进行职业发展指导？

第四章　大学生就业求职指导

导读

随着我国高等教育事业的迅猛发展，大学毕业生的规模迅速扩大，就业竞争日趋激烈，“就业难”成为大学毕业生们难以回避的问题。在当前就业形势极度严峻的背景下，为提高求职者的综合素质，掌握一定的求职技巧，对促进其顺利就业起到重要作用。

学习目标

1. 了解大学生就业准备
2. 学习大学生笔试、面试技巧与方法

第一节　大学生就业准备

一、就业决策

“决策”一词被定义为：为达成计划、目标所决定的方法或策略。“就业决策”是求职者依照自己的职业期望和兴趣，凭借自身能力挑选职业，使自身能力与职业需求特征相符合的过程。

中国有句俗语：“男怕入错行，女怕嫁错郎。”好的选择往往能给人以无穷的动力，而不好的选择，则容易让人陷入自卑的泥沼。善于为自己定位的人很可能成为人中俊杰，而识时务者，能够根据情况的变化及时调整自己的定位，更是追求人生成功的高手。可见，职业选择对人生具有重要意义。

（一）就业决策的构成

1. 就业决策主体

就业决策主体指制定就业决策的人，这里就业决策者是指选择就业的大学毕业生。

2. 就业决策的目标

就业决策的目标是就业决策的核心内容，是一定时期择业总体活动要达到的目的。制定决策目标，可以为整个择业总体活动指明方向，对择业有着决定性影响。就业决策者在选择就业目标时，必须明确问题，即选择就业的大学毕业生应该理解自身的需求和条件，对自己作出正确的评价，才能选择正确的就业目标，使自己在择业过程中有的放矢。

3. 就业决策的具体实施方案

就业的具体实施方案即指就业决策者主动、自觉采取的行动。任何一项决策问题都必须含有两个以上行动方案，因为决策本身就是在面临多种选择时作出的选择，并且就业决策涉及大学生择业的每个环节，对于每个环节都必须赋予行动，有了行动方案，才能使各项工作有条不紊地顺利进行。同时，要对某一行动能产生的结果加以预测，针对预测的结果，制定各种处理办法，以便及时作出调整，抓住尽可能多的机会。

（二）影响就业决策的主要因素

任何一个科学的决策都不是决策者瞬间冲动的决定，而是一个综合考虑决策者的目标、预测、估计、爱好、判断等主观因素和各种客观现实的动态过程。人作为决策的主体，在参与决策过程中将受到主观、客观等条件制约。主观条件主要包括决策者的价值观、人生观、知识结构、素质结构、性格爱好等个人特征，决定了决策者的思想境界、评判标准；社会存在决定社会意识，决策者的意识、判断、行为必定受到社会存在的客观条件的影响和制约。因此，决策者的判断等是具有时代特征的，而对于就业决策来说，也就具备了时代特征。

影响就业决策的主要因素在客观条件上包括教育因素、政治因素、经济因素、社会观念及父母、教师、朋友的影响等；主观条件上有个人性格、择业的价值观、职业兴趣倾向、专业结构、能力、气质等。

1. 个人性格因素

大家都知道“强扭的瓜不甜”这一道理。大学毕业生的就业决策也是这样。个人性格因素主要是指每个人的兴趣、爱好、性格等。一个人对某一专业或工作的兴趣浓厚与否，对于他的学习和工作有着重要的影响。当他对某一领域产生浓厚的兴趣，那么即使是别人看来很无谓、很单调枯燥的工作，他都会觉得丰富多彩、趣味无穷。因此，个人的性格爱好在整个就业决策中起着至关重要的作用。

2. 教育因素

在良好的社会文化环境中，个人能受到良好的教育和熏陶，从而为职业发展打下更好的基础。教育在整个人生过程中有着不可估量的影响。这里所指的教育不仅指学校的教育，也涵盖了人从出生之日起，在家庭、学校、社会里所受的教育以及自我教育的整个过程。教育不仅为大学生提供了一张大学学历和毕业证，更是塑造人的性格、世界观、人生观、价值观等的过程。社会上一切的教育因素都会对教育产生某种积极的或消极的影响。这些教育因素包括：家庭教育、大学前教育和大学教育等，其次，社会教育和自我教育也会对大学生择业决策造成影响。我们应当认识到大学生所受到的不同阶段的教育和大学期间不同内容的教育，诸如专业教育、思想教育、就业指导教育等，都具互补性，各种内容相互交叉和渗透，可以促进大学生整体素质的提高。因此，大学生应当自觉认识自己成长的家庭环境与受教育的条件对个性形成的影响，并通过主观努力，改变自身不利因素，全面提高素质，为求职择业创造更加有利的条件。就我国目前大学就业的形势分析来看，大学毕业生在找工作之际，本科文凭已不再是优势了，很多大学生还没有意识到这点，初次找工作就把工作要求定得很高。往往高的教育背景是在工作之后发挥作用的，使你能比别人更容易接受新的东西，在工作岗位上更为出色。因此，大学毕业生应该对自己有更为正确的定位。

3. 政治因素

政治不仅影响到国家的经济体制，而且影响着企业的组织体制，从而直接影响到个人的职业发展；政治制度和氛围还会潜移默化地影响个人的追求，从而对职业生涯产生影响。不同时期的就业分配政策，体现着不同时期的社会需要，是人才资源配置的具体准则，也是毕业生分配和就业过程中所遵循的基本规范。我国毕业生分配和就业制度的改革，总的来说基本经历了统包统分、双向选择、自主择业三个阶段。自主择业从本质上说仍然是双向选择的体现，而不是择业者的一厢情愿或随心所欲。比如：用人单位的劳动用工政策、吸引人才的政策、发达地区和中心城市的进入控制政策，都将对毕业生择业产生重要的制约作用。当前我国进行的政治体制和经济体制的改革对大学生的就业制度和择业方向有着深远的意义。政治体制改革的方向是健全法制，实行政企分开，精简结构，维护安定团结。这既对大学生就业制度的改革和推行产生了影响，也为经济体制改革的深入创造了条件。而经济体制的改革直接关系到社会的经济结构、经济的发展状况和趋势，并对大学生的就业观念和形势产生巨大的影响。

4. 经济因素

首先，区域性经济发展的不平衡，往往使经济发展速度快的地区成为大学生择业的热点。在经济发展水平高的地区，企业相对集中，优秀企业多，个人职业选择的机会就比较多，因而就有利于个人职业发展；反之，在经济落后地区，个人职业发展也会受到限制。其次，从职业的特点来说，经济的发展促进了社会职业门类的增加和分化，职业的专业性越来越强，产业、行业和职业结构调整加快，从事现代服务业的人数在不断增加。经济的发展促进产业、行业结构的调整，也在不断地形成择业热点；同时，职业的发展方向除了专业化以外，还开始出现了多元化，打破了以往每个职业都有相对规定范围的限制，并且对人才的需求，对人的素质要求也越来越高。大学生在择业的过程中，应密切关注社会经济的调整和经济运行的形势以及与之关联的社会职业的变化情况，及时把握择业的机遇。

5. 价值观念影响

价值观念包括社会价值观、择业价值观和社会观念等。一个人生活在社会环境中，必然会受到社会价值观念的影响。大多数人的价值取向，甚至都是为社会主体价值取向所左右的。一个人的思想发展、成熟的过程，其实就是认可、接受社会主体价值观的过程。社会价值观指人们对他们周围事物的评价，以及由此而采取的行动取向。社会价值观影响人们进行各种各样的选择，这其中自然包括了职业选择。社会价值观不同决定了社会观念的不同，反映在择业上的热点也就不同。有许多大学毕业生受到比较普遍的社会价值观的支配和社会观念的影响，一心想到沿海发达地区、到大城市闯荡，不顾自己所学的专业适合与否，热衷于到社会热门行业，热衷于去“下海”淘金。所以说，积极的社会价值观和健康的社会观念，对大学生的择业意识会产生积极的影响；反之，对大学生的择业意识将产生消极的影响。社会价值观正是通过影响个人价值观而影响个人职业选择的。

社会各种因素的影响，是大学生就业意识形成的客观外在条件。这些社会因素的作用离不开大学生的自身因素，其中最主要的是大学生具有的就业价值观。就业价值观受人生观、世界观的支配。就业从表面上看就是确定去哪里，实际上是大学生自身世界观、人生观的折射和反映，是大学生对人生的目的、价值、意义、动机和目标的不同追求。所以说，不同的就业观为就业行为确定的方向不同，也从多方面影响人的就业结果。另外，就业观与自我意识的产生和发展紧密相关。每年，一些毕业生过高的就业期望值，导致其在就业过程中屡屡受挫，就是因为这些人的就业认识比较片面、简单、肤浅，不能恰如其分地评价、观察自己。同时，又由于毕业生缺乏社会实践经验，使得认识和实际情况发生偏差，就会在职业选择上犯错误。应该说，大学生是具有自身特点的青年群体，具有与其他群体不同的就业观。大学生具备的知识结构更需体现自身的价值以及时代赋予的社会使命感。因此，每一个大学生，都应当树立有利于为社会为人民做贡献，有利于自己成才的就业价值观。因此，在当今我国市场经济的条件下，大学生在就业上受社会价值因素影响较多。毕业生必须确立起主体意识，养成科学的思维方式，对自身条件和社会需求作出明智的判断，摆脱对父母家人的依赖，逐步树立自立、自主、自助和自选等适应市场经济的新观念。

（三）就业决策的实施

1. 就业决策应遵循的原则

选择了一份职业，就是选择了一种社会角色，进而选择了一种生活方式。每位大学毕业生都在为寻找一份“好”的工作而奔波，在就业决策时，应当遵循以下原则。

（1）社会性原则

个体是社会中人，在选择职业时，应充分考虑社会和家庭的现实需要，考虑特定的历史条件和时代要求，不能一味地追求自我。人们也正是通过不同的职业活动，在满足社会需要的同时，也在满足着个体的需要。社会的每一步发展，都是各类职业活动共同作用的结果。

（2）胜任力原则

在选择职业时，应对自己的能力有客观的认识和评价，如组织能力、管理能力、语言表达能力、职业技能、身体素质以及个性特点等是否符合职业要求，不能盲目攀比。根据自己的能力所长选择职业岗位，既是工作胜任力的需要，也是发挥个人创造性的需要。

（3）兴趣原则

兴趣是一个人从事职业活动的原动力，只要把一个人配置到他感兴趣的岗位，可能再苦再累都会尽最大努力去完成各项工作。在考虑社会需求的前提下，在自己能够胜任的职业中，应当兼顾自己的兴趣爱好，只有对某一职业产生兴趣，才能将兴趣激发为敬业精神，从而产生强烈的愿望和求知欲，有所创造，有所成就。

（4）优势原则

尺有所短、寸有所长。美国政治家富兰克林（Franklin）也说过：“宝贝放错了地方便是废物。”大学生在选择职业时应全面考虑自己的优势，扬长避短，最大限度地发挥自己的特长，以利于在职业岗位上顺利、出色地完成本职工作。如果在职业坐标系里站错了位置，用你的短处来谋生，可能永远都感到卑微和失意，根本谈不上事业和价值的奉献。

（5）独立原则

大学生处在求职特殊阶段，除了个人常常搜集信息之外，家庭、学校等各方面都希望毕业生能尽快找到好工作，各方意见也接踵而至，有的可能对其发展有很大帮助，有的可能会干扰视听。因此，对不同的意见或建议，要仔细分析、独立判断，不能盲从。

（6）发展性原则

职业不仅是谋生的手段，同时也是发展自我、实现人生价值、服务社会的途径与通道。毕业生在求职阶段不能只看眼前利益而不管企业前景；不能只图暂时安逸而不顾事业追求。在选择职业时，既要站得高，也要看得远，既不能期望值过高，也不能急于求成。要把个性发展与职业发展结合起来，把个人发展与国家发展结合起来，综合考虑各种因素，牢牢把握就业决策的主动权。

2. 就业决策前的准备工作

知己知彼方能百战百胜。大学生在作出就业决策之前需要对自己和职业有充分且正确的认识。就业决策前的准备工作包括自我评价与定位和职业要求等。

（1）自我评价与定位

职业选择，不只是找一个单位，选择职业的过程本身就是一个发现自己、认识自己的过程。对于即将迈出职业生涯第一步的毕业生来说，在整个就业过程开始之前，对自己的学校生活做一个总结，认清自己的优点、缺点，长处、短处，是很有必要的。在就业活动中，一定要经常提醒自己，不要忘记自己是什么样的人，能干什么，想干什么。

（2）职业要求

对职业要求的了解包括对行业、组织、岗位、工作内容、工作方式、工作环境等的了解，如果有许多内容不了解，那就应该回过头去对相关内容进行深入探究，免得将来走弯路。

3. 就业决策的策略方法

就业决策是建立在对自己和外界环境有充分认识的基础之上进行的，以下方法可供参考。

（1）“5W 归零思考法”

“认识你自己，凡事勿过度”这句镌刻在古希腊戴尔菲神殿上的箴言，犹如一把千年不熄的火炬，表达了人类与生俱来的内在要求和至高无上的思考命题。认识自我，自信、自主、自爱、自重，你就一定能够在自己的人生中展现出应有的风采。认识自我的关键是寻找、发掘并展示自己的“亮点”“闪光点”，并毫不掩饰自己的“缺点”“不足”，深刻地把握属于自己的“特质”。只有如此，才能寻找到适合自己的职业道路。

我们可以用“5W 归零思考法”来帮助自己认识自我，请按照顺序回答以下五个问题。

“Who are you（你是谁）？”列出自己的优点和缺点、特长、性格类型等对自己进行评估。

“What do you want（你想干什么）？”检查自己职业发展的心理趋势。

“What can you do（你能干什么）？”对自己的能力与潜力进行全面总结。

“What can support you（环境支持或允许你干什么）？”考虑客观环境对自己职业发展的影响。

“What you can be in the end（你自己最终的职业目的是什么）？”得出不利条件最少的、最适宜自己做的职业目标。

（2）“4M”职业定位战略

就业决策主要是大学生必须确定什么样的雇主（行业、企业）最适合自己的技能、教育背景、经验、性格和兴趣，并且从中发现有价值的潜在雇主。借鉴市场营销学相关理论，在就业决策时可以参考“4M”职业定位战略。

市场调查：根据社会经济发展需要收集各类单位的招聘信息，开展职业市场调查，是我们职业分析和就业定位的前提。

主要从以下渠道开展职业调查：一是从国家的有关政策、决议、决定、规划、规定等文件中获得就业导向和职业信息，也包括各地区发布的有关决定和各种人才流动政策；二是从劳动部门、人事部门、毕业生就业指导部门等获得信息。他们常年向用人单位输送人员，对用人单位需求比较了解；三是从各类人才市场获得信息，人才市场组织开展的招聘会数不胜数，对于就业需求和行情了解较为全面；四是通过报刊、广播、电视等了解劳动者市场信息；五是从亲戚、朋友、邻居、师长及其他熟人处获得信息；六是通过电话、信件或拜访收集用人信息。

市场分析：根据自己的专业知识和职业技能，自己喜欢从事和不反对从事的职业范围进行分析。在此基础上，为了保证职业目标选择的最优化和科学性，需要先对职业目标进行评估、比较、分析。

市场细分：根据国际和国内的职业分类，求职者选择自己有可能就业的职业范围，在市场细分中加以比较、思考选择目标市场和备选方案。

市场定位：在搞清楚职业市场的基本情况并对照自己的能力和特长后，筛选出符合个人兴趣、有发展前景的行业或锁定求职目标。对照自身的条件和能力，是否能够适合、适应职业岗位的要求进行对比论证。职业定位有了方向，就意味着职业生涯、工作和生活都有了目标和意义。要检验自己的职业定位是否正确，可以进行想象：多年后，当你的生命即将走向尽头，你是以一种怎样的心态回忆此生呢？是满足、自豪，还是遗憾、悔恨？当你离开人世时希望别人怎样评价你？如果你能回答这些问题，那么你已经找到目标了，你的生活会是非常有意义的。否则，应该继续寻找你的职业生涯方向。

二、就业的步骤与行动

（一）应届毕业生的就业步骤

高校应届毕业生的求职就业大致分为以下几个步骤：收集就业信息；确定求职目标；参加招聘会、自我推荐；参加面试、笔试等应聘活动；双向选择、签订协议。

1. 收集就业信息

收集掌握可靠的就业信息，是广大毕业生在求职择业时的前提和必要条件。尤其在信息社会中，高校毕业生就业形势日益严峻，就业不仅是综合实力的竞争，也是信息的竞争。作为高校毕业生，要善于及时、准确地收集相关就业信息，为成功就业奠定基础。

2. 确定求职目标

“对于一只盲目的船来说，所有方向的风都是逆风”，大学生求职也是这个道理。很多毕业生在正式求职之前没有对自己进行全面客观的分析，便盲目地将自己“投放”至市场，而面对纷繁无序的就业信息时又无从下手，或者随性选择，并不理智，导致错失就业良机。因此，磨刀不误砍柴工，在就业之前需要先厘清思路，分析好自己的求职目标，有的放矢。

同学们可以根据自己的实际情况填写自己的“求职志愿表”，确定求职目标的第一选项、第二选项、第三选项——就像高考填志愿一样。在这个环节里，作为求职者的毕业生，必须首先进行认真思考，根据自己的实际情况，就自己未来的求职目标进行一个恰当的排序，包括单位的性质、所属行业、所在区域等，这样才能让我们在不同求职阶段进程中有恰当的期望值，才能指导我们在实际的求职进程中采取恰当的策略。

3. 参加招聘会、自我推荐

当对职业环境和个人有了全面了解后，毕业生就可以有针对性地参加各类招聘会了，或者从其他渠道得到的真实招聘信息也可以尝试。

4. 参加面试、笔试等应聘活动

一般在招聘会等渠道的就业市场，毕业生会将个人有效信息以简历的方式呈现给用人单位，单位经过初步筛选后再组织进一步的面试、笔试。具体的环节和要求视单位的规定而不同，毕业生应提前做好准备。

5. 双向选择、签订协议

市场化的就业行为也是双向选择的过程，不仅是毕业生挑选单位、岗位，也是单位同步挑选员工的过程。一般经过简历筛选、面试、笔试等环节后，单位会根据招聘要求确定录用员工，双方签订协议，将具体的要求与待遇等进行书面约定。

（二）就业行动

大学生就业不能仅停留在纸上谈兵的阶段，再多的就业准备也要接受就业市场的实地检阅。对于应届毕业生来说，“缺乏工作经验”无疑是最大的短板，但在校期间以及即将毕业之时却有不少增加经验的实习实践机会，需要大学生们善于发现并抓住机遇。

1. 毕业实习

毕业实习是一次综合性实习，是理论联系实际、综合运用所学知识解决实际问题、巩固和扩大知识范围的重要实践性教学环节。通过毕业实习，广大毕业生能更加清晰地体验就业工作环境和行业规范与要求。

毕业实习阶段是学生实现从学校到社会的过渡时期，是学生走向社会的一次预演。通过几年的学习，毕业在即，大多数学生对自己所学习的知识能否适应实际工作的需要、能否得到社会的承认，存在很大的疑虑。通过毕业实习，对学生调整“断奶”时期的心理，树立自信，缩短从学校到社会转化的时间有着十分重要的意义。

毕业实习不仅是对学生知识水平、社会综合能力的检验，也是对学校教育质量、素质教育水平的检验，学校应当从毕业实习中找出理论教学与社会需求方面存在的差距，不断改进，进一步提高办学质量，以适应社会发展对学校的要求。

2. 认知实习

实践是检验真理的唯一标准，很多高校会在大二、大三时安排一段时间让学生到单位参观学习、听取岗位介绍，甚至直接参与企业生产，开阔视野。这对在校生来说是体验专业、认知行业的机会，不仅能直接接触单位，还能有较为集中的时间检验专业所学，为毕业季求职目标的选择打下良好的基础，在某种意义上，也能缩短就业决策的时间。

所谓认知实习，就是要在实习中进行认知——既要对自身兴趣爱好做一个了解，同时也要对各个岗位的职责展开全面而客观的认知。只有在了解自身的基础上，才能更加明确自己的职业意向，而只有在心仪岗位正确认知的基础上，才能弄清楚所向往的岗位是不是真正适合自己的。同时，每一份工作都不可避免地有一些不尽如人意，认知实习可以让大家提前适应工作岗位，培养面对工作时的耐心和信心。

3. 社会实践

进入大学后，学校不仅在平时鼓励学生参加各类社团活动，更是在寒暑假要求学生进行社会实践。如进入敬老院、孤儿院为需要帮助的人们提供志愿服务；或者参加社会调查，以此来帮助自己建立正确的世界观、人生观、价值观。很多同学正是在这样的活动中才更加清楚自己对待人生的态度，明确理想的意义，体验感恩，真切感受到幸福是奋斗出来的。

在校期间的社会实践，大学生们应更全面地参与其中，以培养创新精神和实践能力，提高个人综合素质，进而认识社会、了解国情、了解民生，培养历史使命感和社会责任感。

三、就业信息

所谓就业信息，是指通过各种媒介传递的，与就业有关的具有利用价值的消息和情况，既指宏观方面的就业政策、就业制度、经济发展形势等，又指微观方面的劳动用工制度、干部人事制度、劳动力供需基本情况等。在劳动力市场化的情况下，就业信息是求职的基础。大学生搜集到的职业信息越广泛，择业的视野越宽阔，职业信息的质量越高，求职成功的可能性就越大。

（一）就业信息收集的原则

毕业生在收集信息时，既要做到高质高效、准确无误，又要符合自己的实际情况。因而要求毕业生在收集就业信息时应遵循一定的原则，明确择业方向，不能无的放矢，要切合自身实际，反对脱离自己专业、自身特点等，否则就会适得其反、事倍功半。

1. 真实性、准确性原则

只有真实、准确的信息才有生命力。近年来，随着网络求职的流行，一些以营利为目的的中介机构利用网络的局限性，发布一些虚假或过时的用人信息以吸引、欺骗毕业生，学校和毕业生都应提高警惕。

2. 针对性、适用性原则

首先要明确收集信息的目的，有了明确的目的，信息收集才有方向，才有针对性；其次要根据自身的专业特长、能力、性格、气质等方面的因素，明确自己所需就业信息的范围，做到有的放矢，增强就业信息的适用性。

3. 系统性、连续性原则

将各种相关的、零碎的信息积累起来，然后加工、筛选，形成一个能客观地、系统地反映当前就业市场、就业政策、就业动向的就业信息链，为自己的信息分析和择业提供更可靠的依据。同时，保持信息的连续性，一些用人单位因搬迁等原因而导致毕业生原有的信息失真。但如果毕业生建立了连续的电子就业信息库，就可以根据原有的信息而重新发掘信息，输入信息库，这样毕业生就可以在任何时候享用就业信息。

4. 计划性、条理性原则

计划性是指根据事先拟订的计划和自己期望就业的地区收集不同类型的企业、事业单位或公司的就业信息。同时，将收集来的就业信息以时间、地区、待遇高低等方式进行归类，实现就业信息的条理性，以利于方便、快捷地使用这些信息。

因此，在收集各种各样的就业信息时，要善于及时对信息进行分析、判断和处理，依据自己的就业定位，选择相对较佳的信息，果敢、决断地出击，提高求职择业的效率和准确度。

（二）就业信息的获取途径

在信息时代，对于毕业生而言，获取就业信息的渠道和途径十分广泛。总体来说，应届毕业生可以通过以下渠道获取用人单位的信息。

1. 学校就业指导部门

高校毕业生就业指导部门是毕业生就业工作的行政管理部门，包括学校就业指导中心和各院系负责学生工作的相关部门，其专门从事毕业生就业工作，与用人单位建立了长期友好的合作关系。在长期的工作交往中与各部委和省市的毕业生就业主管部门及用人单位有着广泛而密切的联系，是用人单位向学校寄送需求情况的信息集中地。在毕业生就业过程中，学校就业指导部门在对毕业生进行就业指导的同时，还通过有针对性地及时向各个用人单位发布毕业生资源信息函、电话联系及参加各种信息交流活动等方式征集了大量的用人信息，并及时向毕业生发布，在毕业生和用人单位之间架起了一座信息桥梁。学校就业指导部门是获取用人单位信息的主渠道，他们提供的信息数量大，针对性、准确性、可靠性都较强，是毕业生获取求职信息的主要渠道。

通过学校毕业生就业指导部门获得的信息有以下几个特点。

（1）针对性强

一般用人单位是在掌握了学校的专业设置、生源情况、教学质量等信息后才向学校发出需求信息的，这些信息主要是针对该校应届毕业生的。

（2）可靠性高

为了对广大毕业生负责，在把用人单位发送给学校的需求信息公布给学生之前，学校就业指导部门要先对就业信息进行审核，从而保证了就业信息的可靠性。毕业生在找工作的同时要完成学业，毕竟时间有限，不可能对所有的信息都一一验证，就业指导部门正是为广大毕业生提供了这一服务，使择业效率大大提高。

（3）成功率高

学校提供用人单位信息和召开招聘会的时间一般都会安排在省应届大中专毕业生大型招聘会以前，这段时间学校掌握的用人单位需求信息最集中，量也最大。一般情况下，毕业生如果符合条件并善于把握好自己，在学校召开招聘会时，供需双方若面谈合适，马上就能签下协议书。

因此，毕业生应主动、及时地通过这一途径了解就业信息，这是广大毕业生收集就业信息最方便、最直接、最有效的途径之一。

2. 就业招聘会

就业招聘会是由学校或当地毕业生就业主管部门组织的，让毕业生与用人单位直接见面洽谈的一种就业择业活动方式。毕业生将直接面对招聘单位，通过彼此的交流可以获得更为丰富和全面的信息，而且可以当场拍板、签订协议，比较简捷有效，可以大大提高毕业生应聘的成功率；用人单位也可以选到自己满意的毕业生，因而受到毕业生和用人单位双方的欢迎。

招聘会有多种形式。学校举办的招聘会由学校就业指导部门或院系负责学生就业工作部门出面组织，有针对性地邀请一些用人单位参加，规模适中、效率较高；各地有关主管部门每年也会组织几次大型招聘会，有的还分季节、分专场等，这些招聘会组织正规、规模较大，参加的用人单位也较多，信息量丰富，但参加的毕业生也不少，针对性相对较差。人才招聘会主要是指社会各级人才市场举办的招聘会。人才市场在一定的时间向用人单位提供场地，让他们进场招聘，这类招聘会往往参加的单位成分较复杂，规模较大，信息覆盖面广，招聘需求人员也层次不一，应届毕业生在此觅得良机的可能性较小。

3. 网络信息

随着网络信息时代的到来，互联网的应用已经越来越普遍，通过网络求职是近年来在毕业生中比较流行的方式。

毕业生可以在各类求职网站中搜寻单位发布的招聘公告，一般大企业的校园招聘总是启动得很早，且绝大部分采用网上投递简历的形式。这样做，一方面节省了现场招聘的成本，有助于 HR（人力资源部门）筛选简历，另一方面也给更多的求职者提供了机会和便利。

另外，智能手机的广泛使用及其功能的不断拓展，也使得它在提供就业信息方面异军突起，显露出更加便捷、快速的特点。如上海人才市场开通的“上海人才移动网站招聘信息服务”，求职者只要通过手机订阅相关的短信，就可以及时、准确地收到最新的招聘信息、公司名称、招聘职位、联系方式等，一应俱全。

4. 社会实践过程和毕业实习机会

社会实践是毕业生自我开发职业信息的重要途径。在社会实践的过程中，通过自己的努力赢得用人单位的好感、信任，取得职业信息甚至直接谋得职业的毕业生不在少数。因此，毕业生在各种社会实践活动中，在了解社会、提高思想觉悟、培养社会能力的同时，也要做一个收集就业信息的有心人。比如在社会考察活动中，应有意识地注意一些关于行业发展趋势、人才需求状况、具体单位（岗位）用人的要求、途径等与毕业生就业有关的问题；在社会服务活动中，应注意观察、思考，努力去发现自己原来没有想到的、潜在的职业或岗位，一旦有所发现，应及时追踪求索，捷足先登；在勤工助学、实习锻炼等直接在用人单位进行的社会实践中，更应多看、多问，要“淡化”自己的学生身份、“打工”角色，以主人翁的姿态了解和关心该单位的事业发展，了解和关心自身和周围岗位上在职人员的工作状况，尤其在与自己的职业意向相吻合的单位或岗位实践时，要充分展现自己的才华和能力。

此外，还有一个很重要的实践环节是毕业实习。毕业实习是大学生踏入社会的前奏曲，是参加工作的预演，所以每个毕业生必须充分认识到这是一份非常难得也很有价值的经历。通过实习，一方面用人单位对你有所认识和了解；另一方面自己对择业领域也有更深的了解。

如果你向单位证明你是一个可靠的职员，而单位又发现了你的潜力，那么通过实习阶段你也许会获得通向永久性职业大门的钥匙。所以要充分重视“毕业实习”这一教学环节，尽力建立最好、最有意义的实习关系。

5. 个人走访收集

个人走访收集是指毕业生采取上门走访的方式，直接到自己感兴趣或向往的企业、公司等，面对面地和人力资源部主管进行交流、表达愿望的一种信息收集途径。漫无目的地把个人简历随便邮寄给用人单位，成功率最低。直接上门走访不仅可以节省识别信息准确性的时间，还能通过实地考察，对用人单位的地理环境等外部条件有清晰的认识，待决策时参考。

（三）就业信息的筛选方法

1. 分析和比较

针对具体的就业信息，要注意分析该行业的发展前景和职业发展潜力。要把那些符合自己兴趣、适合自身条件的信息筛选出来，再做进一步的了解。分析一下自己到这个用人单位就业的现实可能性，有哪些利弊得失。要比较不同单位、不同岗位的差异以及自己对这些岗位的适应程度，还要比较不同单位的发展变化趋势。此外，除了自己分析以外，也不妨与亲朋好友、老师同学进行商量和讨论。

2. 分类和排序

要认真领会就业政策和形势，把握当年就业的基本趋势。首先，对所获信息应考虑是政策鼓励的，还是约束的，是政策许可的，还是限制的，对此毕业生应做到心中有数；其次结合就业政策、自身情况，对所获信息进行分类整理，排除与自己无关或可能性不大的单位，挑选有希望的信息；再次按照与专业有关与否以及有意向确定联系的标准进行分类，并且把每一类信息按照自己的意愿和标准进行排序，从中选择几条信息，作为自己求职的重点去向；最后，在规定的有限时间内，及时作出回应。

3. 进一步挖掘

要重视每一条对自己有用或与自己有关的信息，不要轻易放弃或忽略。要能够在信息中发现有价值的内容，找出单位用人的特点、标准、喜好等别人不容易看到的方面，了解企业的文化和价值，从而提高自己的竞争优势。要对看似与己无关的信息加以挖掘，找出自己和信息之间的切合点，以避免与更好、更多的机会擦肩而过。

4. 就业目标岗位的分析

毕业生通过思维导图梳理出个人大学的主要经历和个人优势后，并不代表所有的这些都可以在招聘过程中全部表达出来，因为我们需要对就业的目标岗位进行分析。

第二节　大学生笔试、面试技巧

一、笔试类型

（一）专业能力考试

专业类的笔试主要是考核应聘者在担任某一岗位时所需要的专业知识以及胜任该岗位的相关实际能力，这种笔试的专业性一般较强。这类笔试主要针对研发型和技术类职位的应聘，这类职位的特点是对于相关专业知识的掌握要求比较高，而题目则主要涉及各种需要的技术问题，专业性比较强。这类考试的结果和应届毕业生大学四年的学习成绩密不可分。所以，要成功应对这类考试，需要坚实的专业基础。

对本科生而言，专业笔试主要考查基础知识、基本技能，并非研究类高深知识，一般都是专业基础课的内容，重在考查专业基本素养和常识内容。比如电路分析、模拟电路、会计学、财政学等。

对于技术性岗位，大企业和中小企业的笔试内容的侧重点有很大区别。一般中小企业注重实用性，考得比较细，目的就是拿来就用。大企业则强调基础和潜力，所以考核内容的范围比较宽泛，多数都是智力测验、情感测验，还有性格倾向测验。

（二）文化素质考核

文化素质类笔试主要是为了考核应聘者的文化素质，考核的内容一般都是由招聘单位给出特定的范围和要求，一般都是考核应聘者的文化综合素质、各类知识的积累以及思维和文字的组织表达能力，一般一些文科类的岗位比较侧重这样的笔试。这类笔试一般来说更常见，对于应试者的专业背景的要求也相对宽松，考查内容相当广泛，除了常见的英文阅读和写作能力、逻辑思维能力、数理分析能力外，有时还会涉及时事政治、生活常识等。

（三）技能测试

技能类笔试主要是用人单位测试应聘者的实际工作能力和岗位的专业操作能力而组织的考试。这样的笔试一般都是针对特定的岗位、在一定设置的工作情境下进行的专业技术能力考试。例如，用人单位招聘一名会计，就会对会计的专业技能进行测试，如对某些账目的处理，从答题情况可测试出答题者的文字表达能力、分析问题和逻辑思维能力以及开展科学研究的能力等。

（四）论文考核

论文类笔试主要是测试应聘者的文字组合、表达能力以及分析、比较、归纳、推理以及综合的思维能力，要求字数不低于几百字，重点考查作者的思考深度和写作水平。题目的类型一般是小论文、论述题、归纳题等。例如，阅读一篇文章并写出读后感、自编一份报告或通知，或给一个科研题目，写出科研论文的详细大纲等，这种方式一般是中高层的管理职位、技术职位或者是文科职位所侧重的笔试方式。

（五）心理（性格）、智商测试

心理（性格）测试是一种比较先进的测试方法，它是指通过一系列手段，将人的某些心理特征数量化，是衡量个体心理因素水平和个体心理差异的一种科学测量方法。通俗而言，心理测试是指通过一系列的科学方法来测量被评者的智力水平和个性方面差异的一种科学方法。心理测试（测验）一般用设计符合效度的问卷方式进行，一个有用的心理测试必须是有效的。也就是说所有人都需要得到平等对待，对测试问题的认知均等率是很重要的。

（六）混合型笔试

混合型笔试，即笔试的内容会掺杂糅合上述五种笔试类型的题目，但是具体的比例如何、有没有哪些特定的笔试类型题目，则是由用人单位来决定的。这样的笔试类型一般是比较大型的用人单位才会用到。

二、笔试前的准备

（一）了解笔试类型

笔试一般包括以下几个方面的内容：一是知识面的考核，主要是一些通用性的基础知识和担任某一职务所要求具备的业务知识。二是智力测试，主要测试毕业生的记忆力、分析观察能力、综合归纳能力、思维反应能力以及对于新知识的学习能力。三是技能测验，主要是针对受聘者处理问题的速度与质量的测试，检验其对知识和智力运用的程度和能力。四是性格测试，主要是通过一些精心设计的心理测验试题或一些开放式的问题来考察求职者的个性特征。

不同的笔试类型有不同的考试内容，毕业生在考前应做详细的了解，针对不同情况作出相应的准备。比如公务员考试就有明确的考试范围，并有指定的参考书，考生复习相对有针对性。而一些用人单位的笔试则相对灵活，范围也比较大，没有明确相关的参考书。毕业生可围绕用人单位划定的大致范围翻阅一些有关的图书资料。笔试成绩与毕业生平时的努力也有很大的关系，如果毕业生兴趣广泛，平时注意吸收各种信息，考试时就能驾轻就熟、得心应手。应聘者应以自己投递简历的内容为蓝本，以意向岗位和职务为依据，根据以上四方面的内容，研判笔试可能会考查的方向以及各类题型的大概比例，并作出相应准备。

（二）笔试的知识准备

1. 学以致用，理论联系实际

现在的求职考试越来越强调用学过的知识来解决实际问题，具有很强的实用性。换句话说，现在的应聘考试主要是考核应聘者对知识的运用能力。因此，在复习过程中必须始终突出一个“用”字，通过各种实践，把学得的知识运用到工作实际中去解决各种具体的问题。

2. 提纲挈领，系统掌握

在知识与能力这两者中，知识无疑是基础，没有扎实的基础知识，也就无从谈什么能力的培养和提高。掌握知识的一个有效方法就是把零散的知识化为系统。但是应聘笔试往往范围大，内容广，存在着一定的随意性和盲目性，因此，凡是与求职有关的一些知识如文史知识、科技知识、经济知识、法律知识和一般的电脑知识，均要系统地复习一遍。一般而言，建议在正式开始求职前半个月，将专业相关的核心课程大纲重新集中复习一遍，基本能够满足求职工作要求。

3. 多读多练，提高阅读能力

提高阅读能力，对扩展知识面和回答应聘考试的各类问题很有益处。要提高阅读能力，首先得坚持进行阅读实践。知识的获得，主要依靠传授；能力的提高，则必须通过实践。复习时经常做些阅读训练，有助于阅读能力的提高。在做阅读训练时，一定要做到“眼到”和“心到”，特别是“心到”。即对每个问题都仔细揣摩，认真思考，分析比较，综合归纳，努力提高自己的阅读能力。

4. 敏锐思考，提高快速答题能力

为了适应招聘考试中的题量，还应该尽快培养自己快速阅读、快速思维和快速答题的能力。因为现代阅读观念不仅着眼于信息的获取，而且还特别重视速度。所以在准备笔试的时候一定要提高做题速度。

（三）应试准备

第一，准备好应聘人及公司的有关资料。这部分资料中最重要的是企业概况和个人简历。关于简历的撰写已在上一章有所详述。需要提醒的是，简历的内容务必与所应聘岗位素质能力要求相匹配。第二，充分了解自己在这次面试过程中的职责。第三，充分了解需聘岗位的用人标准。第四，充分了解有哪些问题与应聘人的素质和能力相关。第五，准备好考试所需的证件、文具。

（四）对于不同类型考试的准备

1. 技术性笔试的准备

对于技术性笔试，首先考前应该结合具体职位选择相关资料，了解笔试的内容，做到心中有数。其次要了解笔试重点，认真进行复习。每个学科都有一两门概念性的课程，笔试之前多看看这方面的教材。如果以前确实学过，那应该有笔记或者自己的复习提纲，将最主要的、当时书里最强调的再看看，不需要看得太细致。比如说，职位要求应聘者能掌握C++，那笔试之前应该先看看，熟悉基本的知识点。还有应聘编程职位，数据结构与算法等也应该看看，尤其是数据结构。

2. 其他笔试的准备

除了英文的阅读和写作以及技术性笔试之外，上文中还提到了其他一些笔试的类型。一般来说，对于像数理分析能力、逻辑推理能力和语言表达能力方面的考查，准备的途径并不十分多，有针对性准备的效果也不见得特别好。但是，一般来说，大部分的应试者在这一部分的表现都不差。原因在于，虽然不同的应试者的专业背景都不同，但是基本的分析能力和逻辑思维的能力是每一个学科都需要的，在平时的学业中每个人都会有意无意地去练习和拓展自己这方面的能力。因此，虽然笔试的题目可能从来没有见过，但是其考查的本质是相同的，只不过，笔试题目以另外一种应试者并不熟悉的形式来表现而已。

（五）参考题目的来源

应试者可以充分利用网络资源做相应准备，尤其是参加央企、外企等中大型企业的笔试，则一般可在网上找到题库供参考。对于国内大企业的笔试，建议可以看看公务员考试的教材，有很多智商题，也有很多综合性问题，这类题目对于应对大企业的笔试十分有益。

三、笔试技巧

（一）心理状态

笔试即考试的一种形式，是一种复杂的智力劳动，是一种非常状态，要求应试者的头脑清醒、情绪稳定。但凡涉及考试，应试者难免会有焦虑。那么，适当调节焦虑情况，对就业表现和结果有举足轻重的作用。

笔试焦虑的调节主要有以下几种途径：一是要有充分的复习准备，80%的人考试焦虑是由复习准备不充分引起的，因此牢固掌握知识是克服考试焦虑的根本途径。要教导应试者正确评价自我，确立恰当的职业期望，培养自信心。二是要正确对待笔试结果，不以一次成败论英雄；过于担心、焦虑不仅于事无补，而且还会影响求职的正常进行。三是开展就业心理辅导。对一些敏感、焦虑、抗挫折能力差、有心理障碍的求职学生在就业过程中进行有针对性的心理辅导以缓解其心理压力，提高心理素质，增强自我心理调整能力，提高考试技巧，有效地化解外来压力，发挥出应有的水平。总之，保持稳定的心态是非常重要的。要客观冷静地对自己进行正确评估，相信自己的实力，克服自卑心理，增强自信心。

笔试的前一天要注意休息，保证充足的睡眠，避免考试时精神不振，影响正常思维。建议适当参加一些文体活动，从而使高度紧张的大脑得到放松休息，以充沛的精力去参加考试。

（二）企业招聘笔试答题技巧

1. 企业招聘笔试答题程序

一般而言，常规笔试的卷面答题时间为30~60分钟，应试者拿到试卷后，应做到以下几个步骤。

首先，应做到全篇通览，了解题目的数量和难易程度，以便掌握答题的速度，做到心中有数。

其次，根据先易后难的原则排出答题的顺序，先攻相对简单的题，后攻难题，这样就不会因为攻难题而造成浪费时间太多，而没有时间做会答的题。有时笔试出题量较大，其用意一方面为考查知识掌握程度，另一方面在于考查应试者的应试能力。所以考生在浏览卷面后，要迅速答较容易的题目，余下的时间再认真推敲其他题目。

再次，答题时要掌握好主次之分。有时应试者见简答题是自己准备较充分的，洋洋洒洒写了上千字；而论述题则准备不足，就随便写了几十字。对于较大的综合题或论述题，应先列出提纲，再逐条论述。

最后，在答完试卷后，要进行一次全面复查，特别注意不要漏题、跑题。要纠正错别字、语法不通、词不达意等错误。

2. 笔试答题细节问题

（1）听从安排

应当在监考人员的安排下就座，而不要自己选择座位，更不要抢座位。如果因特殊情况，座位确实有碍自己考试需要调整时，一定要有礼貌地向监考人员讲清楚并求得其谅解，若实在不能调换，也应理解其工作上的难处。此外，有时因场地或其他原因，可能会临时调整笔试场地，此时则需要应聘者随时与招聘人员保持密切联系。

（2）遵守规则

在落笔之前，一定要听清楚监考人员对试卷的说明，不要仓促作答，不要跑题、漏题或文不对题；更不能有不顾考场纪律、我行我素的行为，比如未经许可携带手机等通信工具，擅自翻阅电子词典等。如实在没听清或者没明白请先自己思考后再主动提问，不要因为这个细节让监考人烦躁或者让自己紧张起来。

（3）写好姓名

做题前一定要先将自己的姓名等被要求填写的个人情况写清楚，以免百密一疏，白白地做了一回“无名英雄”。

（4）卷面整洁

答卷时应注意卷面整洁、字迹清晰、行距有序、段落齐整。应特别注意的是卷面必须做到字迹端正、卷面整洁，因为招聘单位往往会从卷面上联想应聘者的思想、品质、作风。字迹潦草、龙飞凤舞、卷面不整的答卷，一是影响招聘阅卷人的阅卷效率，二是会对应聘者的印象大打折扣。对那些字迹端正、答题一丝不苟的人，招聘单位会认为其作风细致，对应聘者更加青睐。如果应聘者的字不好看，那么至少要写得清晰好认，这样至少保证不会丢失一些卷面分；即使应聘者的字写得不错，但也要保证清楚好认。因为求职过程中的笔试不同于在校时的考试，“醉翁之意不在酒”，有时用人单位并不特别在意应聘者考分的稍许高低，而是从中观察考生是否态度认真，从而决定录用意向。

（5）遵守纪律

防止一些可能被视作舞弊的行为或干扰考试的现象出现，诸如偷瞄别人的试卷，藏匿被考试单位禁止的参考材料，与他人嘀嘀咕咕等；另外，口中念念有词，把试卷来回翻得“哗哗”作响，用笔击打桌面，唉声叹气，抓耳挠腮，经常移动身体或椅子等显出烦躁不安的举动是不会为应试者带来任何好处的。

（6）保持手机等通信工具处于关机状态

应试者参加笔试，一定要注意手机等通信工具的处理，按照监考人员的要求，关掉手机放在包里或直接交给监考人员保管。否则手机等通信工具响起来时，你会不自觉地去看，就有作弊的嫌疑或给用人单位留下不严谨的印象，将直接影响到笔试的成绩或效果。

（7）没有必要提前离场

许多毕业生在大学养成了考试时提前交卷的习惯，在应聘笔试中这样做并不是明智之举。笔试提前离场并不能说明你的实力，毕竟考试的结果是最终成绩，而不只是速度。有时用人单位会认为求职者在笔试中提前离场的行为表明了其对此次笔试的不重视。因此，应试者即使提前把题答完也没必要提前离开，剩下的时间可以进行检查，这样一是可以提高成绩，二是可以给用人单位留下一个认真、务实、严谨的好印象。

参加完笔试，不论个人感觉如何，都应继续关注后续的招聘进程，提前做好进入下一轮竞争的准备。万一失败，则需分析原因，总结经验教训。

四、面试的主要类型

（一）结构化面试

结构化面试，指的是面试前就面试所涉及的内容、试题评分标准、评分方法等一系列问题进行了系统的结构化设计的面试方式。结构化面试是当前面试实践中应用最广的一种面试方法，除此之外，公务员录用考试、公开选拔党政领导干部面试、竞争上岗等都将其作为一种主要方法。

所谓结构化，包括以下几个方面的含义：一是面试过程把握（面试程序）的结构化；二是面试试题的结构化；三是面试结果评定的结构化。结构化面试虽然也是通过面试官与考生的谈话方式进行的，但从形式到内容上，它都突出了系统结构的特点，以确保这种面试方法更为有效、客观、公平、科学。结构化面试的一项主要要求是对报考相同职位的考生应测试相同的面试题目。

结构化面试的系统结构性主要表现在以下几点。

第一，面试官的组成有结构。即面试官不是随意形成的，而是由 5~9 名面试官依据选人岗位需要按专业、职务甚至年龄、性别以一定比例进行科学配置，其中一名是主面试官，一般由他负责向考生提问并把握整个面试的总过程。

第二，测评的要素有结构。这不仅体现在测什么、用什么题目测试要根据测试前所做的工作分析来确定，并按一定的顺序及不同分值的占比进行结构设计，同时还要在测试要素下面明确测评要点即观察要点，每个测试题都有出题思路或答题参考要点以供面试官评分时参考。

第三，测评标准有结构。突出表现在要素评分的权重系数有结构，每一测评要素内的评分等级有结构（一般在评分表中分优、良、中、差四级）。考生最后的面试成绩是经过科学方法统计处理的，一般是去掉最高分、最低分，再根据权重合成总分。如果追求更科学性、公正性的话，还可以设标准差一项，看每一位面试官打分与标准分的离散度。

第四，面试程序安排有结构。结构化面试是严格遵循一定的程序（如监察机制、计分程序、考场、面试官等）进行的。一般每个考生的面试时间在 20~40 分钟。

总之，结构化面试具有内容确定、程序严谨、评分统计等特点。其测评的效度、信度较高，比较适合规模较大，组织、规范性较强的录用、选拔性考试，因此，结构化面试已成为录用面试的基本方法。

（二）情景模拟面试

情景模拟面试，是设置一定的模拟情况，要求被测试者扮演某一角色并进入角色情景去处理各种事务、各种问题。面试官通过对考生在情境中所表现出来的行为进行观察和记录，以测评其素质潜能，或看其是否能适应或胜任工作。此也是人才测评中应用较广的一种方法，它主要测试应试者的各种实际能力。

1. 情景模拟的特点

第一，针对性。由于模拟测试的环境是拟招岗位或近似拟招岗位的环境，测试内容又是模拟某项实际工作，因此具有较强的针对性。

第二，直接性。此测试内容与拟招岗位业务有直接关系，而且使考评人员能够直接观察应试者的工作情况，直接了解应试者的基本素质及能力，所以更具有直接性。

第三，可信性。情景模拟考查的重点是应试者分析和解决实际工作问题的能力，又便于观察了解应试者是否具备拟任岗位职务的素质，因此普遍反映模拟测试比笔试和其他面试形式更具有可信性。

第四，真实性。测试的环境是仿真的，内容是仿真的，测试本身的全部着眼点都直指拟任岗位对考生素质的实际需求，犹如一个短暂的试用期，其工作状态一目了然。

第五，开放性。情景模拟测试的手段多样、内容生动，考生作答的自由度高、伸缩性强，给考生的不是一个封闭的试题，而是一个可以灵活自主甚至即兴发挥的开阔天地。

2. 情景模拟面试的主要方式

（1）机关通用文件处理的模拟

以机关等单位的日常文件处理为依据，编制若干个（15~20个）待处理文件，让被测者以特定的身份对文件进行处理。此类文件一般是机关单位和行政管理经常要处理的会议通知、请示批复、群众来信、电话记录和备忘录等。

（2）工作活动的模拟

这个项目有两种形式。一是上下级对话形式，可采用主考人员与其对话，其余测评人员观察打分的方式进行；二是布置工作的测试，要求被测者在阅览一份文件或纪要后，以特定的身份对工作进行分配布置。

（3）角色扮演

事先向应试者提供一定的背景情况和角色说明，模拟时要求应试者以角色身份完成一定的活动或任务，例如接待来访、主持会议、汇报工作等。

（4）现场作业

给应试者提供一定的数据和资料，在规定时间内，要求考生编制计划、设计图表、起草公文、计算结果等。被普遍应用的计算机操作、账目整理、文件筐作业都属于此类形式。

（5）模拟会议

将若干应试者分为一组，就某一需要研讨的问题或需要布置的活动或需要决策的议题，由考生自由发表议论，相互切磋探讨。具体形式有会议的模拟组织、主持、记录及无领导小组讨论等。其中，文件筐测试、无领导小组讨论是近几年在借鉴国外先进测评技术基础上开发的面试方法，为众多企业普遍使用，因此在本书中单独进行介绍。

（三）无领导小组面试

小组面试现在基本上采取的是无领导小组面试，这是评价中心技术中经常使用的一种测评技术，其采用情景模拟的方式对考生进行集体面试。它通过给一组考生（一般是5~10人）一个与实际工作相关的问题，让考生们进行一定时间（一般是1个小时左右）的讨论，来检测考生的组织协调能力、口头表达能力、整理辩论能力、说明能力、情绪稳定性、处理人际关系技巧、非言语沟通能力（如面部表情、身体姿势、语调、语速、手势等）等各个方面的能力和素质是否达到拟任岗位的整体氛围、是否解决既定问题，由此来综合评价考生之间的优劣。

在无领导小组讨论中，评价者或者不给考生指定特别的角色（不定角色的无领导小组讨论），或者只给每个考生指定一个彼此平等的角色（定角色的无领导小组讨论），但都不指定谁是领导，也不指定每个考生应该坐在哪个位置，而是让所有考生自行排位、自行组织。评价者只是通过安排考生的活动，观察每个考生的表现，来对考生进行评价，这也就是“无领导”小组讨论名称的由来。

1. 无领导小组讨论试题的类型

（1）开放式问题

关于开放式问题，其答案的范围可以很广，主要考查考生们思考问题是否全面、是否有针对性，思路是否清晰、是否有新的观点和见解。

（2）两难问题

所谓两难问题，是让应试者在两种互有利弊的答案中选择其中的一种，主要考查应试者的分析能力、语言表达能力以及说服力等。一方面此类问题对于应试者而言，不但通俗易懂，而且能够引起充分的辩论；另一方面对于面试官而言，在评价应试者方面效度更高。

（3）多项选择问题

此类问题是让应试者在多种备选答案中选择其中有效的几种或对备选答案的重要性进行排序，主要考查应试者分析问题实质，抓住问题本质方面的能力。此类问题对于评价者来说，比较难于出题目，但对于评价应试者各个方面的能力和人格特点则比较有利。

（4）操作性问题

操作性问题，是给应试者一些材料、工具或者道具，让他们利用所给的这些材料，设计出一个或一些由面试官指定的物体来，主要考查应试者的主动性、合作能力以及在实际操作任务中所充当的角色。

（5）资源争夺问题

此类问题适用于指定角色的无领导小组讨论，是让处于同等状况的应试者就有限的资源进行分配，从而考查应试者的语言表达、概括或总结能力，发言的积极性和反应的灵敏性等。

综上所述，无领导小组讨论的题目大多没有正确答案可言。在讨论的情境中，面试官会发现每个人在团队中有不同的适合角色，有人具有做领导者的潜质，有人适合做跟随者，有人是很好的倾听者，有人会不管大多数人的意见一味地坚持自己的观点，等等。这些表象可能在一对一的面试中很难观察到，一旦把他放入一个特定环境中，却可以不经意地表现出来，从而让面试官作出判断。因此，活动的核心并非在于孰对孰错，而是通过应聘者积极思考、参与讨论的过程，评价出候选人在组织协调、人际沟通、问题分析等维度的状态，进而判断现有岗位的合适人选。

2. 无领导小组面试的面试技巧

无领导小组面试可以依据考生的行为、言论来对考生进行更加全面、合理的评价；同时，能使考生在相对无意中显示自己各个方面的特点，使考生有平等的发挥机会，从而很快地表现出个体上的优点。这时应试者的表现是否有出众的亮点、能否抓住面试官的眼球，也有一些注意事项。

第一，声音要洪亮，语速要适中。声音低或语速快，这都是不自信、拘束的表现；此时应当深呼吸一下、考虑一下再说，也给别人思考的时间。同样，由于小组讨论阶段人多时间少，所以应试者的语速也不能太慢，否则将影响小组进程，导致不能完整完成任务。

第二，表达要有逻辑和条理。尤其是针对小组讨论的时候，不论是否能说服别人，应聘者首先要把自己的观点表达清楚。只要应聘者的观点没有重大的逻辑错误，能清楚、明晰、有条理地表达出来，此轮面试任务就完成80%了。

第三，应无视面试官。无领导小组面试的时候，面试官仅是旁观记录、不得干预过程，因此应聘者切记不要关注面试官，只要把面试官当作“隐形人”就好，不要往面试官这边看，更不要向面试官征询意见。

第四，注意审视题目要求。善于细心观察、独立思考，不盲从，这都是应聘者不可多得的特质。

第五，自我牺牲精神。由于时间的限制，后面做陈述的应聘者要高度总结自己的论点，同时暗示大家自己为了小组的利益作出了牺牲。

第六，如果应试者能做“领导者”最好，做不到也没有关系，第一时间选定立场，积极支持你的“领导者”，用自己的详尽补充完善所选择的“领导者”的观点，你的“领导者”会感激你的，面试官也会对你有好印象的。

第七，在小组讨论的时候，为节约时间、增加话语分量，尽量少举例子，不要用例证，尽量论证。

第八，讨论的时候仪态落落大方，在做陈述的时候不要低头看着自己的纸，也不要紧张地玩笔、玩衣角什么的。目光平视，同时加一点手势，效果相当出众。

五、面试礼仪

（一）面试仪表礼仪

1. 男性的仪表着装

男性的职场中，应做到整体仪容仪表整洁干净。正装西装的基本特点是单色、深色，藏青色或深灰色的素色西装最为稳重合宜；穿白色、浅蓝或其他浅色长袖衬衫，衬衫袖口长于西装袖口 1~1.5cm。一般西装可以敞开，遇见女士或正式发言（面试）时需要扣上；前襟口袋只能放装饰手帕，其余物品应放置内袋；此外，袜子要够长；公文包的外观要简洁、大方。

男性也可以使用袖扣、皮带等配饰，不要戴项链、领带夹、胸针以及戒指。戴眼镜的同学，镜框最好能使人感觉稳重、协调。正装皮鞋款式即黑色的系带皮鞋，但其他简洁大方低调的款式也可。领带以规则性图案为正式、不规则图案为非正式，领带长度不超过皮带扣环下 1cm；宽度应配合体型，领带及袜颜色应配合西装。此外，应剃剪毛发，不留长发，尽量不留胡须。需要特别注意的是，穿衬衫不必一定要配领带，但正式场合中一般不宜穿着短袖衬衫，因短袖衬衫不被认为是正装。

2. 女性的仪表着装

女士正装可以选择西装长裤，也可以选择西装套裙，但后者更为经典。选择正装的要点是，不过于时尚、过于显眼、穿着不便，颜色选择与男性一致。如果不是去金融行业等公司面试，除了正统的双扣西装，三扣西装也是可以的。裙装长度应在膝盖左右或以下，太短或开衩过高均有失庄重。

一般去参加面试，女性需要稍微化一些淡妆，这样显得更有朝气，不可素面朝天地去面试，很容易因为“面黄肌瘦、灰头土脸”的本色而丢分，面色红润、朝气蓬勃才显得更为得体干练。头发长短发皆宜，但须梳理整齐服帖、恰到好处；面试过程中，不要将头发甩来甩去，也不要动辄拨弄。鞋子方面，黑色最为传统和保险，款式不宜花哨。最好不穿平底鞋或太高跟的鞋，太高走路时容易崴脚，小心翼翼的步伐显得不够大方自信；平底皮鞋过于休闲，正规场合不合宜。此外，如果不是面试艺术、设计、服饰等企业岗位，则不宜涂指甲油、不宜留长指甲。

在配饰方面，为了在过于素净的套装上做一些点缀来提点精神，可以选择一些小巧、精致的饰物来进行搭配。所配饰物不用名贵，只要简单、明快、大方就可以了，且全身上下的配饰不宜超过三件，过于扎眼和烦琐的饰物反而会喧宾夺主，徒增累赘。袜子多穿着肉色，长度应该以坐下来之后不会露出腿的本色为宜，且应准备一至两双放在包中备用。对于去面试的学生，建议只带一个能放下简历等材料的公文包，公文包里还要准备一些补妆用的工具、身份证件和钱包等。个子较高的女生可以使用比较轻薄的电脑包；个子瘦小的女生若使用大号的电脑包，会显得比例失调，行动不便。如果喜爱香水的话，可以适当使用淡香水，稍有一点香水的气味能给人以愉快、清新、亮丽的感觉，记住只是稍有一点点气味就够了。

在极传统的（外企）企业文化中，职业女性应该每天更换一套衣服，只能穿着裙子和长袖套装，且无论春夏秋冬、天气冷暖都如此。但是在中国，许多女性穿着裤装和短袖上班同样非常专业。而且，刚毕业的学生只有区区几千元收入，穿着过于精致奢靡与职场新人的身份不相称。因此，在准备面试着装时不必完全拘泥于外企的规矩，也可以在招聘会及平时多观察正规公司的职业女性如何穿着。

总而言之，职场女性的穿着应根据地域、岗位、企业文化、单位性质、个人收入等因地制宜，但以朴素大方、保守精干的着装规范为标准。

（二）面试基本礼仪

面试前可进行面试礼仪情景模拟，以提升求职成功率。求职面试礼仪是一门学问，得体、周到的言谈举止及仪表对于求职面试来说至关重要。它反映了一个人的修养修为，体现了一个人的教养与风度，因此注重良好的求职面试礼仪，是面试者击败对手，求职成功的一个关键因素，那么在求职面试的过程当中需要注意哪些礼仪规范呢？

第一，时间观。守时是一个人基本的职业道德，因此在面试时绝不能迟到，最好提前10~15分钟到达面试地点。熟悉面试环境，有利于消除你的面试紧张感。如果因故不能到达，一定要在确定需要迟到的第一时间通知面试官，并且说明原因。

第二，把握并注重等待面试时间。有时候等待面试也是面试考试题之一，因此在等待正式面试的过程中要同样注意求职的面试礼仪，不可大声喧哗、不要与其他面试者聊天、不要来回走动、不要吃东西、抽烟、接电话等。

第三，注意文明用语、礼貌等待。在进入正式与主面试官面对面阶段时，要耐心等待前一个人面试结束，不可急匆匆直闯而入。如果对面试有紧张感或者恐惧感的，可以在面试之前请好友帮助自己进行面试礼仪情景模拟。

（三）面试举止礼仪

1. 握手

有力、专业的握手能够为你加分，体现你的职业素养。握手时，手掌要呈垂直姿势，身体稍稍向前斜，眼睛看着对方，微笑着伸出右手握住对方的右手并上下摇动，两三秒钟之后松开，这样可给他人尊敬和融洽的感觉。手上最好不要有汗水，否则不仅冷冰冰、潮腻腻的握手感受不好，而且还暴露出内心的窘迫紧张。如果掌心出汗，最好不要选择和面试官握手。此外，不要戴着手套、墨镜与他人握手；男性应聘者遇到女面试官，不要双手与女士握手；握手时切勿左手拿东西或插兜里。

此外，握手的时机也要注意。初见面试官或进入考场时，应主动与面试官握手；面试结束时，也可以选择与面试官握手告别。

2. 个人姿态

站姿，正对对方、距离1. 2~3米是合适的社交距离。应聘者应步姿自如、轻盈、敏捷，切忌斜着身子或晃着身体走，不要左顾右盼。待坐下时，如应聘者座位已经安排好，则只需道谢后在指定位置坐下即可，无须推让。如面试场所安排在会议室、会客厅、办公室等处，则应坐在面试官的下座或座位比对方低的沙发。坐时应端正、轻而缓，面向对方。背脊直，挺胸，两手自然下垂。此外，肢体语言有性别之分，先说说男性的坐姿。

根据自己的习惯，不要拘谨，也不可过分散漫。男性就座时，双脚踏地，身姿坐直；双手可以分别放在左右膝盖上，不要过于严肃，将双手展现给面试官，展现双手能够让人感觉到真诚。双腿自然微微分开至两膝之间有一拳距离、不要夹紧，否则有拘束之感。若是穿着较正式的西装，应落座后解开上衣纽扣。这样的仪态会让你变得更加自信、大方。

女性由于性别之故，不太适合作出上述的姿势。女性可以采用正坐姿或侧坐姿。正坐姿即双腿并拢，两膝并拢向前。侧坐姿为双腿并拢并斜放一侧，双脚可稍有前后之差，如果两腿斜向左方，则右脚放在左脚之后；如果两腿斜向右方，则左脚放置右脚之后。这样对方从正面看双脚是交成一点的，腿部线条更显修长，也显得颇为娴雅。若女性穿着套裙，入座前应收拢裙边再就座，坐下后，上身挺直，头部端正，目光平视面试官。坐稳后，身子一般占座位的2/3，两手掌心向下，自然放在两腿上，面带微笑保持自然放松。

3. 表情

在面试过程当中，注意面带微笑、坐姿正确、手势恰当、注重眼神交流。俗话说，眼睛是心灵的窗户。在面试时，留心眼神功夫可让你事半功倍，始终全神贯注地跟面试官交谈，在无形之中，展现出你的自信，同时还可表现出你对对方的尊重。

表情应全程微笑，目光相对，自然、柔和亲切、真诚，不要死盯着对方的眼睛，不要东张西望、左顾右盼、心不在焉；不要埋头、羞怯，不要两眼望天、高昂头，不要频繁眨眼。一对多面试时，以正视主面试官为主，同时适当把视线从左到右、从右到左移动一遍，同其他面试官用视线交流以获得好感。

4. 接受名片的礼仪

接受他人名片时，不论有多忙，都要暂停手中一切事情，并起身站立相迎，面含微笑注视对方。应试者要双手接捧或以右手接过名片，然后至少要用半分钟时间认真浏览一遍，第一表示对别人的尊重，第二可以了解对方确切身份。在默读名片的过程中，如遇有显示对方荣耀的职务、头衔时不妨轻读出声，以示尊重和敬佩；若对方名片上的内容有所不明，可当场请教对方。

接到他人名片后，切勿将其随意乱丢乱放、乱揉乱折，应该在现场收藏，一般将对方名片放在自己的名片包内，再放入公文包、办公桌或上衣口袋之内。名片的日后整理也非常重要，要养成及时整理名片的习惯，这也是工作和求职经历中逐步建立的人脉关系。

如果需要递送名片的话，也应当遵循以下几个原则。首先，递送名片的一般顺序是先上级后下级。其次，先打招呼后派名片。递上名片前，应当先向接受名片者打个招呼，令对方有所准备。再次，用双手或右手拿住名片的上角，将名片正面对着对方，切勿以手指夹着名片递给别人，也不许用左手拿名片给别人。最后，递交名片时，还应顺便说些客气词语如“请多多指教”“多谢关照”“常联系”等礼节性用语。

如果主动向上级、名人、长辈或地位比较高的人索要名片时，可以以一种委婉、含蓄、客气的语气，向对方表明自己的尊敬，同时给对方以暗示。

5. 面试交谈中的距离礼仪

职场面试人员进入面试室，一坐下来就习惯地将椅子往前靠。有时遇到面试官亲切友善、场合又不太正式，应聘者可能由于心态轻松或急于表达，会不由自主地将身子探得更近了。看着兴奋演说、唾沫横飞的应聘者，面试官似乎有些尴尬，而此时的面试者已经失礼了。

交谈的目的是与别人沟通思想，要做到愉快地交谈，除了要注意说话的内容外，还应注意与面试官保持一定的距离，这样才能让对方听得清楚、明白。

从礼仪上说，说话时与对方离得太远，会使对方误认为你不愿向他表示友好和亲近，这显然是失礼的。但是如果离得太近交谈，一不小心就会把口沫溅在别人脸上，这是最尴尬的。因此，从礼仪角度而言，一般与面试官保持一两个人的距离最为适宜。倘若交谈时忽然想打喷嚏、清喉咙、擤鼻子，要转过身“行事”，最好是取出手帕或纸巾捂住口鼻，做过之后要表示歉意。这样做，既让对方感到亲切，同时又保持了一定的“社交距离”，无论是从卫生还是从礼貌角度来考虑都是最为适宜的。

6. 其他肢体语言

倾听时做到用心、耐心、虚心，直接看面试官，坐直身体稍向前倾；切勿随意插嘴，不要争辩；不要玩笔、笔记本，不要乱画，不要看窗外，要有表情地打起精神。避免小动作，如挠头表示慌乱和怀疑、不耐烦，揉眼睛、挠耳朵、撩头发等。

7. 离开的礼仪

最后，仪态的约束应自始至终。在面试结束之时，也需要从容不迫且礼貌地向面试官告辞、致谢；起立时最重要的动作是稳重、安静、自然。此外，记住对考场工作人员表示感谢，整理自己周围的环境，将椅子归放原位，将草稿纸、纸杯带走。做到以上这些，必然能够为自己的面试分数锦上添花，给面试官留下良好的感受。

六、面试话术技巧

（一）聆听面试官说话

学会聆听面试官说话的方式，注意聆听对方的语气，语速是平缓还是急促，声音质感是成熟还是活泼。根据共振的原理，同频率的波动更容易产生共鸣，也就是说，应聘者要模仿面试官的语气和语速，尽快和面试官引起共鸣，这样就会给面试官留下较好的印象。当应聘者掌握了面试官的语气、语速的时候，那你就有了一把通向面试官内心深处的钥匙。

此外，在与面试官沟通的时候，也可以留心观察其提问方式，从而看出其水平和个性。如，喜按履历表顺序提问的面试官大多缺乏经验或激情，面试过程平淡乏味，似乎成了履历复述课。对此，只需按章回答即可。而看似漫不经心的提问者则大多“老奸巨猾”。他们为“套”出求职者的真实情况，往往从一些看似同面试主题不太有关或较为轻松的话题切入，如“昨天的球赛你看了吗?”以打乱你原先准备好的“套话”，然后一步一步按照其设下的“路线”前进。

（二）控制回答问题的时间、制造合适的停顿

应聘者应该如何掌握自己回答问题的方式，引起面试官的好奇心呢？当面试官提问完问题后，不要急于回答，应做2~3秒钟的停顿，然后再开始回答面试官提出的问题。在回答过程中，也要注意在适当之处进行有效的停顿，这样可以有效地吸引面试官。

（三）应对自然，切忌言过其实

应答时要做到清晰得体、语速适宜、音量适中，不用方言和口头语，最重要的则是实事求是。曾经有过一个同学在面试中说他喜欢看书，最近看了不少，面试官就问他最近看了什么书，为什么喜欢这本书，喜欢里面的哪部分。结果那个同学说不上来了，所以，实话实说最重要。

（四）巧避语言陷阱

压力面试是指有意制造紧张，以了解应聘者将如何面对工作压力。面试官通过提出生硬的、不礼貌的问题故意使应聘者感到不舒服，针对某一事项或问题做一连串的发问，打破砂锅问到底，直至无法回答。其目的是确定应聘者对压力的承受能力、在压力前的应变能力和人际关系能力。压力面试在对高级管理人员的面试中常见，但在普通面试或压力较大的岗位（如销售）面试中，有时面试官也可能会使用压力面试技巧。因此，应试者需要掌握一些应答技巧，这样在遇到貌似“苛刻”的问题时也能做到心中有数、游刃有余，同时，这也是对毕业生求职过程中心理素质的锤炼。

1. 激将法

用激将法来挑衅面试者，这是面试官最常用的手法。在面试的时候，面试官通常用质疑、尖刻、咄咄逼人的语言，从应聘者最薄弱的地方入手，往往是“哪壶不开提哪壶”，使应聘者处于一种尴尬的境地试图来挑衅对方，再加上面试官不友好的态度和锐利的眼神，使应聘者顿感紧张和凝重。

面对这些盛气凌人、存心刁难的提问，应聘者碰到此种情况，要头脑冷静，明白对方在“做戏”，不必与他较劲。假如应聘者的心理防线步步溃退，抑或怒形于色，据理力争，

脸红脖粗，那就掉进了对方所设的圈套。相反，假如应聘者冷静应对，则可以不必与面试官针尖对麦芒，而是采取迂回的战术巧妙地回答。面试官其实并不是要求你能够把问题回答得多好，而是要看你能否在压力下显示出机智的头脑和从容不迫的个性。

2. 诱导法

用诱导法来迷惑应聘者。这类问题的特点是，面试官往往提供一个特定的选择，诱导对方作出错误的回答，因为也许任何一种回答都不能让对方满意。

3. 引君入瓮法

在这种类型的压力面试里，面试方还有可能提供一系列背景资料，让应聘者顺着他的问题和思路去思考，不知不觉中掉进事先设好的陷阱中。

面试官的问题不要着急回答，先考虑下再说，记住面试官的每个问题都是有深意的，联系自己应聘的职位特点，想想这个问题和对应的职位之间有什么关联，尽量把自己的答案往对应的职位要求上靠，就能达成面试的目的了。

（五）面试后期处理

面试结束时招聘官总要说一句：有进一步的消息和安排我们会和你联系的。面试就此结束，对应聘者而言，余下的就是等候结果。面试后，有时很快出结果，有时囿于多重考虑，不能立即决定，拖很长时间。后一种情况很常见，所以想进某单位的人即使一时没有机会，也不要着急，只要坚持下去，多数情况下仍能峰回路转。那么，在这个阶段，应聘者还应该做些什么呢？

1. 适当时机下主动追问

世界顶级战略管理公司麦肯锡曾为中国平安集团设计招聘流程，要求为每个未获得聘用机会的人发一份感谢信，将其纳入人才储备数据库。但是，很少有公司会严格按照这个流程做，因为工作量太大，HR 望而却步。从 HR 的角度讲，跟进电话肯定会占用大量工作时间，所以一般不希望接到这些事后咨询。但面试一周后尚未得到反馈结果，可能有以下几个原因。第一，默认不反馈即说明面试未通过；第二，最终人选还在斟酌当中，或尚有其他人选，HR 不便说明；第三，面试结果已出、相关流程尚未结束。因此，从这三个角度而言，如应聘者主动追问，也并无损失，反而体现出你对该工作的渴望，因此应聘者不必觉得主动询问结果会有所唐突。

什么情况下个人应主动追问呢？①非常迫切想加盟，不论是为生活所迫还是追求事业。②与某项决策紧密关联，影响到其他紧急决定。

追问常用的方式是电话联系，电话打不通或为了加深印象亲自去问，也可以偶尔为之。发邮件是个好办法，将自己的感受、工作计划、迫切心情用书面形式表达出来，某些情形下能起到作用。如果找到主管的微信、QQ 等联系方式，就更方便了，只要你的图像在计算机屏幕上出现，无异于提醒主管“我的事情有结果了吗?”

无论是发邮件、打电话还是发短信、微信，都要秉持感谢为主、询问为辅的原则，否则将会适得其反。询问过程中，有以下要点需要体现：第一，感谢面试机会，做到礼貌性地问好，谦逊有礼会是一个人修养的最好体现。第二，说清楚自己是谁？在什么时间段求职的什么岗位？在邮件的开头主题处可以写清楚自己是谁，什么时间段去公司面试过什么岗位，最好是让 HR 看到你的姓名和求职岗位就能想到你这个人。第三，说清此次来信的缘由，明确表达个人目的。邮件内容千万不要遮遮掩掩、咬文嚼字。最好的表达就是明确来由。比如想问下公司对面试表现是什么态度/综合面试情况，是否有入职公司的可能。第四，表达求职渴望，争取新机会。充分强调自己对公司产品、岗位发展都非常认可，期望能够向公司里优秀的同事们学习。第五，重申个人优势，弥补面试中的不足表现。说清楚自己擅长的专业技能，表达出有能力使工作实现最大价值的信心。同时，针对自己在面试中的不足，提出更完善、更全面的解答。询问结果时，无论结果如何，切记保持礼貌冷静，否则适得其反。

2. 结尾工作

如果有幸接到录用通知，应慎重思考，作出选择。选择工作就像选择生活和爱人，每次决定都应有明确的目的和目标。人到中年如果选择失误，挽回的难度很大，因为年龄是自己最大的敌人。对于二十几岁的人，损失也很明显：过于频繁更换工作岗位，对今后的求职和职业发展是极为不利的，往往也会成为面试官反复考量的短板。

若未被录用，则最好在不打扰 HR 工作安排的前提下，尽可能知晓自己未被录取的主要原因，并对对方表示感谢，给他人留下良好印象。同时，认真总结，思考剖析，正确对待自己，辩证地看待得失。最重要的是，求职是一个积累经验的过程，只有多次亲身经历笔试、面试，才能帮助自己更快地提升求职技巧，做到在笔试、面试中发挥自如、游刃有余，充分展现自己的优势。

思考题

1. 就业决策应遵循的原则是什么？
2. 毕业生的就业步骤有哪些？
3. 就业信息的获取途径是什么？
4. 笔试类型有哪些？
5. 面试话术技巧有哪些？

第五章　大学生职业适应与发展

导读

大学生的职业适应与发展首先需要了解学生角色至职业人角色的转变，掌握更好的转变方法；其次要改变自己原本的学生状态，适应工作新环境；最后，适应职业后不断提升自己，发展更好的职业道路。打造具有优秀职业适应能力的技能人才是新时代发展的要求，对于技能人才顺应技术发展、产业发展，提高技能人才综合素质，优化技能人才职业生涯发展具有重要意义。

学习目标

1. 分析大学生的角色转换及适应工作新环境
2. 学习如何提高职业适应性
3. 了解职业发展

第一节　大学生的角色转换及适应工作新环境

一、大学生的角色转换

每一位即将或刚刚开始工作的大学毕业生都希望自己能够在崭新的工作岗位上很快就有优秀的表现，做出自己的一番事业与成就。但是我们所看到的更多现实情况是，很多大学生们会发现自己不能很好地适应与大学生活截然不同的全新环境，不能很好地融入组织，以致工作难以开展。其实，这些问题的出现都与毕业生的角色转换有关，只有真正认识到自己已经不再是一名生活在“象牙塔”中的学生，重新对自己进行正确的定位，并且了解作为一名职业人应当做什么和怎样做，才能在新的生活中很好地立足与发展。

（一）学生角色与职业角色

1. 学生角色

我们这里的“角色”，事实上特指的是个体社会角色。社会角色是由人们所处的特定社会地位和身份所决定的一整套规范体系和行为模式，是人们对具有特定地位的人的行为的一种期望，它是社会群体的基础，并随着社会实践的发展而不断更新内容。社会角色是社会赋予人的社会权利和义务，它反映了每个人在社会中的地位和在人际关系中的位置，代表了每个人的身份。这其中就包括学生时代的学生角色和踏入社会后的职业角色。学生角色和职业角色是两个完全不同的社会角色，因为作为学生和作为职业人，两者的社会权利与义务是不同的，所代表的身份有着根本的区别。

大学生是学生角色中的一个典型代表群体。在大学期间，学生的主要职责是学习各种专业知识，掌握各种生存技能，发展智力、求学成才是关键任务。虽然大学生已经开始享有绝大部分的社会权利，也需要履行同等程度的社会义务，但社会对大学生的要求更多是接受教育、完成好学业，为今后投身社会工作储备能量。在经济能力方面，由于这一时期主要还是以学习为主，生活重心也主要局限于校园环境，因而绝大多数的大学生还没有完全独立的经济能力，经济来源仍然主要依靠家庭。在人际关系方面，大学校园是众所周知的一片净土，无论是同学朋友还是师长，大学生几乎都不需要过多的顾忌与防备，可以畅所欲言，可以不带任何伪装来表达自我和展露情感。

学生角色的主要职能就是学习各种专业知识，掌握各种生存技能，发展智力、求学成才才是关键任务。

学生角色适应是学生的学习行为及学习心理品质与社会结构及社会互动过程协调。能很快适应的学生，敏于感受和内化社会需要和教育期望，自主、积极、能动地完成学习任务，善于处理好学校、班级和课堂中的人际关系，体现个人价值，并在学习集体中赢得相应的社会地位。

2. 职业角色

职业角色是指一个完全的职业者，最主要的社会职责就是在自己的职业岗位上发挥专业知识和能力，为社会服务并获取自我的物质价值和精神价值，与学生相比需要承担更多的社会责任，甚至是成本和风险责任。

与学生角色相比，职业角色就复杂得多，也更加具有个人色彩。所谓职业人就是参与社会分工，自身具备较强的专业知识、技能和素质等，并能够通过为社会创造物质财富和精神财富，而获得其合理报酬，在满足自我精神需求和物质需求的同时，实现自我价值最大化的一类群体。在经济方面，进入职业角色就意味着经济的独立，没有理由再依赖家庭和他人的帮助，这也是职业角色比学生角色更加具有功利性的重要原因之一。在人际关系方面，职业角色要承担更为复杂的人际交往，而社会上的人际关系相对于学校要繁杂得多，也更为微妙，对生存艺术提出了更高的要求。

3. 学生角色与职业角色的区别

（1）活动方式不同

学生主要以学习书本知识为日常活动。作为受教育者，其认识社会的途径是间接的，认识的内容主要也是理论性的。同时，由于在校期间，学生更多的是接受外界的帮助，缺乏自主能力。因此，当他们进入社会时需要有一个职业的转变。

而职业角色则不同，它要求运用自己掌握的知识和能力，通过具体的工作向外界提供自己的劳动。同时，在遵纪守法和用人单位规章制度的前提下，职业角色在生活上也有较大的自由度。

（2）社会责任不同

社会角色的义务，就是指角色的社会责任。学生角色的主要责任是学好科学文化知识，掌握社会生活的基本技能，逐步完善自己，以便将来为社会服务，实现自己的人生价值。

而职业角色的责任则是，以特定的身份去履行自己的职责，依靠自己所掌握的知识或技能去创造社会效益和经济效益。两种不同角色分别承担着两种不同的责任。

学生角色责任的履行，主要关系到学生掌握知识的多少和能力培养的程度。职业角色责任的履行则影响非常大，不仅影响着个人价值的实现，还会影响到企业、行业的声誉。例如，作为一名医生，如果医术精湛、医德高尚，能充分履行自己的职责，不仅能为医生树立风范，而且还会给所在的医院带来声誉；反之，则会损害医疗工作者和医院的形象。

由此可见，从学生到职业人员的角色转变，角色所担任的社会责任增强，社会对职业人员的责任心有着更高的要求。刚刚走出校门的大学生往往不能适应这种转换，就说明他们还没有认识到自己的角色已经发生了转变，更没有意识到自己所负担的社会责任也增强了。

（3）社会权利不同

学生角色的权利，主要是依法接受教育，并取得家庭或社会的经济资助；而职业角色的权利，则是在开展工作的过程中依法行使职权，并在履行义务的同时获取报酬和其他相应的社会福利待遇。

（4）社会规范不同

角色规范是对角色扮演者的行为规定。对于不同的社会角色，会有不同的行为规范和要求。

学生角色是从教育和培养的角度出发规范学生的行为，如通过制定学籍管理条例、学生生活管理条例等规章制度，对学生的学习和生活提出相应的要求，以引导学生健康成长，使其日后成为社会主义合格的建设者和接班人。

职业角色，是对从业者行为模式的规范，因为职业的不同而千差万别。这些模式既具体又严格，一旦违背就必须承担责任，甚至追究法律责任。

（5）全面独立的要求

从学生到职业人员的角色转换，对其独立性要求也相应有了提高。在学生时代，学生在经济上主要依靠家庭的资助；在生活上依赖家长的关照；在学业上习惯了老师的指导，总是处在被人扶助的环境之中。毕业后离开学校，开始自己的职业生涯后，全面独立的要求主要表现在以下几方面：①由于有了工作报酬，经济上逐步成为独立者；②工作上要求能够独当一面，不再依靠家庭和老师；③学习上要会自我安排，在自己日常的工作、生活中通过自身的体验来了解和认知社会；④生活上要会自己照顾自己。

这些要求不仅使青年学会依靠自身力量，也为青年的发展和自身完善提供了更广阔的空间和更大的自由度。

4. 从学生角色到职业角色转换的意义

大学生告别校园，走上工作岗位，意味着他们已经脱离各方面的监护，开始独立自主地生活，因此大学生能否尽快地从学生角色融入职业人的角色，实现角色转换，对于大学生的职业成功意义非凡。

（1）有利于尽快适应职业生活

在新的工作岗位上，大学生面对崭新的工作条件和生活环境、现实化的专业内容、复杂的人际关系，谁能尽快实现角色转换，谁就能较快地适应社会，并掌握成功的主动权。大多数大学生希望能较快度过适应期，独立、愉快地开展工作。但相当多的人常常在一两年内都难以适应和胜任工作。为此，有的人变得迷惘消极、自暴自弃，甚至不断地换工作。此时，就需要大学毕业生正视自己、面对现实、脚踏实地，这也是度过适应期的关键。

（2）有利于在人才竞争中脱颖而出

竞争性是市场经济的一个基本特征。市场竞争是无情的，适者生存、优胜劣汰不是以人的意志为转移的客观规律。初为职业人时，必然会面临来自各方面的挑战和竞争，只有尽快将所学的理论知识应用于实践中，并不断提高自身素质和能力，快速进入职业角色，然后熟练开展工作，才能在激烈的人才竞争中脱颖而出。

（3）为今后的发展打下良好的基础

从学生到职业人的转变，实质上是从理论落实到实践的过程。能否较快且顺利地实现角色的转变，反映出大学生潜在素质和能力水平的高低。以积极的态度顺应职业工作的需要，主动适应岗位的要求，努力完善自己，将为今后的发展打下扎实的基础。

从学生角色到职业角色的转换，本质上就是社会化的过程，是新参加工作的毕业生学会如何在组织中行事，逐步了解和认同组织的价值观，具备组织所需的能力及社会知识，从而在组织中担当某种角色，真正成为组织一员的过程。

（二）角色转换的具体内容

1. 对立面的转换

人的职务或职业生涯会不断变化，角色也会随之发生变化，因此角色对立面的转换是对作为个体的人，在社会关系中的动态描述。大学生告别校园，走上工作岗位，意味着他们已经脱离各方面的监护，开始独立自主地生活，因此会出现以下几点变化。

（1）从“需求”至“给予”

大学生要转换成职业人，必须先“给”，否则什么也“要”不到。将索取的心态变成贡献，这是成为职业人的关键。从企业的角度来说，企业对人的判断有两个要求：一个叫潜力，看你未来成长的空间；一个叫贡献，你的加入对这个团队能产生什么样的价值。作为职业人，应考虑我们能为单位带来什么。

（2）从“随便犯错”至“不能犯错”

大学毕业生从校园走上社会成为职业人，如果工作失误，会造成重大经济损失，没有挽回的机会；如果与同事关系不好，会被组织认为没有团队合作精神，将成为出局的人；如果经常迟到、旷工，耽误的是整个团队的业绩，随时有被开除的可能。作为职业人，在单位必须成为社会、企业或老板财富的创造者。

（3）从“学习别人”至“自我成长”

在大学中或者在以前的学习生涯中，我们都有老师、家长的引导，他们教给我们知识，我们只需要认真学习就可以达到作为学生的目的。但现在我们成为职业人，没有人可以告诉我们应该如何做，我们只能通过改正自己出现过的失误来不断校准自己的发展方向，做到自我成长。

2. 自我成长的转换

人生有很多转折，但对一般人而言，从学校到社会，从学生到员工就是一次重大的人生转折，需要做很多方面的转变和适应，才能胜任工作，取得成就。

（1）生活环境的转变

虽然大学已由过去神圣的“象牙塔”变为当今的“小社会”，但对大多数学生而言，学校仍然是一个优雅、宁静、单纯的乐园，他们在这里过着简单而快乐的生活，许多人甚至是单调而清苦的“三点一线”模式，对社会知之甚少，乐观单纯，涉世未深。而且在学校上课、生活更多的是集体方式，个人虽有自由，但独立性、个体性相对较差。而一旦走向社会，真正参加工作，他们每个人将面对各种不同的、各式各样的环境、条件和人群，生疏、孤单甚至恐惧等情绪一开始就会扑面而来，使他们无所适从，茫然不知所措。只有随着时间的推移，才能慢慢地转变和适应。

（2）角色心理的转变

从学生到员工或者干部，是一个跨度很大的角色转换，对刚参加工作的大学生而言，需要费很大的力气才能完成。因为学生时期主要是接受各种知识，接受教育和管理，总体上处于被动和接受的角色。而一旦工作，就可能成为不同类型的教育者、管理者和指挥者。教育和被教育、管理和被管理、指挥和被指挥，这种角色换位，包括责任担当都是有很大区别的。如学生错了主要是教育和原谅，员工错了主要是惩戒和处罚，这就要求刚工作的大学生，从心理到身份对自己进行一个全面的调整和转变，知道自己不再是天真活泼的大学生，而应该成为一个可独立工作、思维严谨，有担当责任的员工。

（3）行为举止的转变

大学生和员工的行为举止是完全不同的两种不同类型。大学生天真活泼、富有个性，一切都是那样的自然美丽，充满了“学生娃”的活力与朝气。而员工则总体要求衣着得体，举止大方，言谈适度，彬彬有礼，活泼而不轻狂，朝气蓬勃而不失稳重端庄。所以，要由“学生娃”转变为“新员工”，所有行为举止都要在新环境中不断改变，在企业文化的熏陶下潜移默化地转变，直到完全融入这个群体，才能真正“像”这个单位的人。

3. 适应新环境的转换

除了以上讲到的几个转变以外，大学生到新单位的主要任务是从头开始尽快适应和做好工作。

（1）扑下身子，从小做起

大多数大学生在工作前都有美好的理想和雄心壮志，但到单位，发现有的专业不对口，用非所学，有的只是从事烦琐或没有技术含量的简单劳动，枯燥无味，根本不能发挥自己的才能，感觉埋没了自己。从满怀希望变为失去信心这是很正常的，也是可以理解的，但必须面对现实，扑下身子，从小事做起，这样有利于自己的成长，也会改变同事和领导对自己的看法，走好了这一步今后的路会走得更快、更顺、更好。

（2）勇于奉献，礼貌待人，乐观处事

刚工作，最好不要多讲条件，要勇于奉献，不要怕吃苦，不要怕吃亏，要乐观地对待失败和挫折，不断总结经验，吸取教训，使自己成熟、长大，要礼貌待人，学会宽容和忍让，使自己心胸豁达，富有涵养。这对塑造自己的人格和以后的发展都大有益处，也是练好“内功”的基础。

(3) 树立全局意识、搞好团队合作

全局意识，是单位每个员工都必须具备和服从的基本理念，一切为大局着想，在搞好团队合作的前提下，充分发挥个人的作用，不要不顾大局，不搞合作，过分突出和表现自己。新员工如果这样做，就会被大家视为个人英雄主义者，甚至被非议和孤立，也不可能得到很好的成绩。只有树立全局意识，努力搞好团队合作，才是个人走向成功的保障和基石。

4. 进入职场后的转换

(1) 树立目标理想，脚踏实地工作

大学生富有朝气，有目标，有理想，有创造力、想象力，这是成功的希望所在。但是在树立雄心壮志的同时，切忌眼高手低，必须一步一个脚印，脚踏实地，勤勤恳恳，兢兢业业，认真负责地做好每一项工作。只有在一件件平凡细小的工作中，才会积累才干、增长知识、熟悉业务、积蓄实力，逐步实现自己的目标和理想。

(2) 努力发挥才能，谦虚学习他人长处

人无完人，每个人都有自己的长处和短处。大学生初到新单位，要努力发挥自己的才能，也要虚心学习他人的长处，取长补短，完善自己；要乐于团结、帮助别人，在别人身上学到自己没有的知识；也要谦虚谨慎，不骄不躁，在尊重别人的同时，也能赢得大家的认可和尊重，为自己建立良好的群众基础和宽松和谐的工作环境，这样做自己才能身心愉悦地不断发展并取得成功。

(3) 组织关怀培养，个人发奋图强

每个人都有由幼稚到成熟，由弱小到壮大，由无名小辈到有一番作为的成长过程。对于刚参加工作的大学生，单位和组织应该积极热情地关心和培养他们，从生活待遇到工作业务甚至个人情感和心理方面，全方位地给予他们亲人身的关心和培养，使他们有“家”的感觉，感到自己和企业息息相关，荣辱与共，他们就会拿出百倍的努力、万分的热情，全身心地投入工作，自觉地把自己当成其中的一员。同时，个人也要不断奋发图强，努力奋斗，为单位作出自己应有的贡献，实现自己的人生理想，为企业发展增光添彩，铸造辉煌。

(三) 角色转换的途径与方法

许多毕业生走上岗位以后，会产生对新环境的诸多不适应，主要表现在心理上、生活上、工作上、人际关系上和工作技能上的不适应。任何人对环境都有一个适应过程，怎样才能尽快适应新环境呢？

1. 要有良好的心态和心理承受能力

社会与学校相比，生活环境、工作条件、人际关系都有着很大的变化，难免使那些心存幻想、踌躇满志的毕业生产生心理反差。大学生血气方刚、热情奔放，希望自己处处表现出色，但实际情况却往往事与愿违。面对这种情况，他们难免会备感失落、郁闷。这时，具备良好的心态和心理承受能力就很重要了，大学生们应抱着谦虚好学的态度，从基础做起逐步获得领导和同事的认可。

2. 增强独立生活能力

过去经济上靠父母资助，生活上由学院管理，学业上有老师指导；参加工作后，往往要自己处理衣、食、住、行等全部事务，一切靠自理、自立，这是毕业生无法回避的一种能力训练。要学会主动调节生活节奏，养成良好的生活习惯，合理安排自己的业余生活，才能适应新环境。

3. 建立良好的人际关系

大学毕业生走向社会，到了一个新的单位，往往会遇到各种各样的难题，需要同事们的配合和支持。毕业生们进入新单位后要建立和谐的人际关系，做到少说多观察。良好的人际关系会缩短职业适应期，减轻工作难度和心理负担。因此，掌握处理人际关系的技巧，建立良好的人际关系是适应环境的关键。走上工作岗位后，毕业生的人际交往能力是适应环境的关键；应放下架子去和周围的同事、领导交流思想感情，热心地和他们交朋友。反之，如果他们不善于与人交往，难以沟通，难免将自己封闭起来，以致带来诸多烦恼与痛苦。

4. 培养应对挫折能力

首先，以平静的心态笑对挫折，保持上进心和良好的心情，抓住机会展现自身才能。其次，以正确的态度分析挫折，借挫折来磨炼自己的意志品质，强化自己的心理承受能力。最后，遭受挫折时应该首先想到依靠自身的努力摆脱困境，以坚强的意志战胜挫折。

5. 增强角色意识

社会好比一个大舞台，每个人都有自己的角色定位。毕业生进入新单位后，首先应认清自己在工作环境中所承担的工作角色以及这个角色的性质、职责范围，弄清楚工作关系中上级赋予自己的职权和自己应承担的义务；如果角色意识淡漠，一意孤行，我行我素，该请示的擅自做主，该自己处理的事情不敢做主或推给上司、同事，势必与新环境格格不入。

6. 加强继续学习，完善知识结构

刚步入社会的大学生，要使自己胜任工作、适应环境必须不断学习新知识，完善自己的知识结构，不断地接受职业继续教育。接受职业继续教育指的不单是行业内容的知识和技能，还要了解相关行业的知识和技能。同时，还要通过各种有效的学习途径提升自己的综合能力。

7. 努力成为“复合型人才”

刚步入社会的职业人，一般要经历新鲜兴奋—观察思考—协调发展这样一个变化过程。学院培养的是专门人才，而实际工作中碰到的问题往往是综合性的，涉及多学科、多领域的知识。社会需要的是“复合型人才”，因此，要使自己胜任工作、适应环境，只有随时调整自己的知识、能力结构和思想行为方式，才不会因工作中出现困难而止步不前。因为社会不仅看学历和文凭，更看重的是能力。

8. 具有敬业精神

作为职场新人，在完成了从在校学生到职场人士的转变后，只有通过敬业的工作，才能在企业中占据一席之地。是否敬业，直接决定了你能否在职场生存下去。

总之，初涉职场的大学毕业生，只有充分认识自己，知道自己的优点与缺点、优势与劣势、所适与所不适，在这样一段特殊的转换时期内保持一颗上进的心，完成角色的转变其实并不难。

（四）角色转换过程中应该注意的问题

个体的社会角色发生变化时，新旧角色转换过程必然伴随着不同角色之间的相互冲突。这种角色冲突是普遍存在的，因此，在学生角色转换为职业角色时也不可避免地会出现各种各样的问题。

1. 逐步转换心态

一些毕业生则是对自我的认知存在偏差，认为自己接受了多年高等教育，应该在各方面都具有良好的条件，因而盲目自信。这种心态很容易使毕业生进入职场后出现纸上谈兵、眼高手低的尴尬。

很多毕业生在初进职场的阶段，因为不知如何适应新的工作环境，会表现得怯懦、自卑。

这些问题都反映了毕业生没能顺利地从学生角色转换为一个社会职业人的角色，这必然会对毕业生的职业适应能力和后期的职业发展造成各种不良影响。因此，在两种角色的过渡阶段，毕业生一定要谨慎对待，同时应采取必要的方法帮助自己平稳转换角色。

2. 克服浮躁心理

有些刚参加工作的毕业生往往弄不清楚自己在工作中真正需要什么和能做什么。因为毕业生在角色转换初期的浮躁，对工作的兴趣总是不能持久，并且习惯把这一问题推脱为他人的责任，而认识不到自己的问题所在。

二、适应工作新环境

（一）工作环境

1. 工作环境的含义

工作环境广义上指与工作有关的物理环境和社会环境；狭义上指人的工作地周围的物理环境，如办公室、工厂、车间、现场等。对工作环境可从个体的、人际的和组织的三个层次进行分析。个体水平的分析集中在对工作直接发生作用的环境条件，如办公室或车间的大小、照明、通风、噪声等。

人际水平的分析主要致力于分析工作空间对交谈的便利程度和工作空间的象征性作用（指工作空间反映使用者在地位、身份上的特征）及工作区域的布局特点等。组织水平的分析包括最大范围的物理环境，集中于分析建筑的内部结构和外部布局，工作单元（如车间）的远近、包围程度等。

2. 工作环境的重要性

对于刚从校园招聘脱颖而出的入职新人来说，工作环境在很大程度上影响着求职者的入职积极性，以及能否快速融入工作团队。当然，这不仅仅是对新员工而言的，对老员工而言也是一样的。良好的工作环境，能让员工更有饱满的工作热情和持续的工作动力，并且能够使其更加全身心地投入工作中去，同时也更利于员工产生更多散发型的思维。反之，如果工作环境恶劣，那么员工对待工作则会失去热情和信心，这样也不利于员工的稳定性，会降低员工的活跃性。

（二）适应崭新的工作环境

毕业生在转变角色的同时，也就意味着要适应工作这一崭新的环境。很多毕业生都会在此刻踌躇甚至慌张，事实上工作环境并非很多同学都担心的那样处处是陷阱、凡事皆棘手。只要做好以下最为基础而又最重要的几个方面，自然能够顺利地适应新环境，新职业人也一样可以成为工作岗位上的佼佼者。

1. 树立良好的个人形象

几乎没有人会否认一个人给他人留下的良好印象在社会中的重要性，良好的个人形象是人生交往的重要资本。个人形象的范围广泛，包括外貌仪表、言行举止，通俗来说就是一个人看起来如何，说话怎样，以及在待人接物方面的表现怎样。毕业生在初到工作岗位上时，一是定要先学会看看镜子中的自己，就是事先了解应该如何获取良好的形象。其中至少要注意两个方面：一是注意自己的外表和体态语言，二是了解自己的优点与劣势，懂得从哪些方面塑造自己的形象。

外表和体态语言虽然较为表面与主观，但是却在第一印象中占有几乎最为重要的分量。作为职业新人，毕业生一定要注意自己的着装打扮，关键是要符合自己的职业身份和个性特点。无论从事的是哪种职业类型，只要工作性质允许，还是应当适当地进行颜面修饰，适度的淡妆反而比素面更能使人显得精神焕发。衣着也是如此，尽可能地学会摆脱学生时代的稚嫩装扮，选择一些合适的职业装，能给你的个人形象加分不少。总体而言，做到成熟、稳重和大方是使得自己的外表装扮最为适合职业环境的不变原则。同时，在注意外表的同时还要注意自己的体态语言。例如，经常性地保持微笑，并且是发自内心的笑容。不要总是一脸严肃，这会让他人觉得难以接近而和你疏远，这些小的细节都会直接影响他人对你的第一感受。

在保持自我形象方面，正确了解自己的优缺点是决定因素。外表和举止是外在方面，并不代表个人形象的全部内容，个性因素则是个体形象中非常关键的内在方面。虽然一个人的个性特点很难在短时间内有明显的改变，但是可以通过了解自己的优势与劣势，尽可能地展现自己的优点，同时用优点补足自我缺陷，从而在与他人的交往中表现出最优的自我形象。

2. 建立和谐的人际关系

作为一个社会人，每一个个体都不是完全独立的、封闭的，每时每刻都有机会与他人接触、相处，大学生走出校园踏入职业社会中更是如此。许多刚刚参加工作的甚至是已经入职多年的职业人都发现，在职场这个大集体中，往往并不是简单地做好自己就足够，学会与周围的人相互沟通与交流，甚至比自己盲目地埋头苦干更有帮助。

有相当一部分初入职场的毕业生都会对如何处理好职场中的人际关系感到困惑和苦恼。例如，当面对领导时应当如何表现、如何反应，当与同事言语行为接触时又有哪些禁忌和法则。事实上，人与人之间的关系虽然复杂，但当把握一定的为人处世原则后，人际关系也可以变得很简单。美国著名的人际关系学大师卡耐基（Carnegie）曾提出有关人际交往的五个重要法则，这五点分别是："互惠互利"是人际交往的根基；记住他人的名字；学会真诚地赞美别人；当一名好听众；微笑具有神奇的力量。

第一，所谓互惠互利，并不是指人与人相处都是带有功利性、有目的的，而是提示我们在与人相处时要时刻带有感激之情，懂得对他人表示友好在先。只有抱着这样的心态与人相处，才会同时获取对方的尊重与友好。

第二，记住他人的名字是非常实用且有效的方法之一。事实上，能否记住名字或面孔本身就是对他人是否尊重和重视的检验。有时候不是你的记性不好，而是没有用心对待。进入工作环境后，毕业生要能够尽快记住同事、领导的名字与面孔，这样既能避免见面时不知如何应对的尴尬，又能让他人感受到你的平易近人，为你建立和谐的人际关系。

第三，如果想在人际交往中得到别人的好感，就要学会在恰当的时机用恰当的方式赞美他人。所谓恰当，就意味着一定要真诚，发自内心。毕业生在初进单位时更多时候容易出现的情况是羞于大胆地夸奖他人，担心别人质疑自己的动机，抑或是因为难以发现他人的优点而不愿做表面工作。事实上并不需要有太多顾虑和担忧，只要懂得和人相处时保持低姿态，就会很容易发现别人的长处，从而发自内心地给人以称赞。

第四，当一名好听众也是在人际交往中获取好感的重要砝码。与人相处不但要懂得会说话更要懂得倾听，因为每个人都希望别人能够听取自己的想法、理解自己的情感，并且获取他人的理解与支持。作为职场新人，更要学会听别人讲话，尤其是在领导、同事与自己沟通时。

第五，微笑的力量是我们每个人都深深理解和认可的。有的毕业生可能会认为自己是个内向谨慎、沉默寡言的人，更不擅长在陌生环境中展示微笑。其实，发自内心的笑容并不难做到，正如对别人的赞美一样，只要真诚就能获取他人的好感。

总之，刚刚进入职业新环境的大学生，要尽可能主动地与他人沟通交流，切忌独来独往、沉默寡言，这样既无法帮助自己尽快地适应新环境，也会阻碍领导和同事对你的了解。

3. 适应企业内部环境

企业的环境适应：每个企业都有它自己的文化特点与工作管理流程，当你已经来到了这个新环境，你只能去适应，而不是让环境去适应你，你需要尽快了解该企业的发展理念、工作流程模式、公司管理制度等。

企业的业务熟悉：每个企业都有自己的产品、经营范围、业务领域，你可以通过企业的官网、产品宣传手册、与各个业务部门的交流，尽快熟悉企业的业务，短期内虽不能达到精确掌握，但至少要从宏观上了解企业的业务。

企业组织架构的熟悉：无论你入职哪个部门，都需要与企业的内部部门进行交流与沟通，所以你需要了解企业有哪些部门、每个部门的主要负责人，这有利于以后开展工作。

工作的未来规划：不管公司或部门有没有这个规划，你都要给自己定一个简单且清晰的目标，比如承担哪块工作、后续自己的某个计划，如何以自己的方式，在公司大的工作框架下，开展工作。

部门人员的沟通：有时候人际关系会对工作产生很大的影响，作为新人，不可能一入职，就会得到别人的青睐；一般情况下，没有 3 ~ 6 个月，很难融入新的团队中去，毕竟你在观察别人的同时，别人也在审核你的人品与能力，因此你应做的就是低调做人、踏实做事。

处理好与主管的关系：职场上一般避免越级汇报，因此你的工作业绩评价很大部分来源于主管，因此需要与主管处理好工作关系，职场中什么性格的人都有，也许主管会欣赏你，那么恭喜你，你会事半功倍，但是如果主管对你要求严格，你只有以更加认真的工作态度去赢得你应有的尊重。

认真审视自己的工作氛围：谁也保证不了新环境肯定是你的最好归宿，我们没必要矫情地挑剔新工作，但是也没必要委屈自己，人生的道路还很长，不可能每一次选择都会那么完美，记得自己最重要，如果思考后认为新环境还不适合自己，那么果断地再次去寻找自己的梦，但是一定要确定这不是头脑发热后冲动而为的结果。

（三）高校对大学生适应新环境的对策

大学毕业生走向社会是一种典型的社会角色的转换，是一生中一个新阶段的开始。大学毕业生顺利实现角色的转换，可以促进其尽快适应新的环境，缩短磨合期。因此高校对大学生职业适应的对策有以下内容。

1. 开展职业讲座，提高大学生职业心理素质

学院对于大学本科生的职业适应教育工作应十分重视，可以开展职业讲座，让学生了解学业和就业两者之间的关系，强化大学生的心理素质，使大学生能够更好地投入社会就业环境之中，并以积极的心态来面对激烈的社会竞争环境，培养其拥有良好的职业适应心态，以适应职业的要求。另外，学校应指导大学生进行职业规划，让大学生规划出适宜自己的工作，缩短大学生的职业磨合期，使其得到快速稳步的发展。从大学生进入学校开始，学校就要从纪律、生活以及学习等方面，培养其职业习惯，实现从校园到职场的过渡，增强大学生的职业适应性。一方面，学校应注重培养大学生的思维能力以及认知能力，让大学生学会分析与研究问题的方法，这需要教师在日常的教学中对学生进行不断教育，引导大学生进行全面思维、创新思维以及逆向思维，使大学生的思维能力得以提升，培养大学生养成良好的就业习惯，从而实现大学生的全面发展与进步。另一方面，学校应注重培养学生良好的做事习惯，主要包括计划管理、认真做事以及合作互助等习惯，使大学生拥有健全的人格，并将这些习惯运用到职场之中，使大学生在职场中的适应能力得到提升。

2. 创新教学手段

高校应将职业适应始终贯穿于日常教学中，并不断创新自身的教学手段，充分培养大学生的专业技能。在大学生刚入校时，高校应对大学生的职业适应进行引导，并加以宣传，将职业适应的观念注入大学生的脑海中，让其对职业适应的理念有相应的了解。在大学生投入学习之后，学校应对其职业能力进行有效培养，使其拥有较强的专业技能，从而

更好地适应社会职业的要求。另外，教师还应开展职业适应指导工作，因为大学生在步入社会寻找工作过程中，极易产生紧张焦虑的情绪，造成大学生的就业困难。所以，为使大学生的职业心理素质得到提升，教师在教学的过程中，就必须对学生进行积极引导，多与学生进行沟通，了解大学生的心理状态，从而有针对性地对大学生进行引导，缓解大学生的紧张情绪，使大学生能够拥有积极健康的就业心态，以更好地适应社会发展的需求。

3. 增强社会实践，提升大学生的职业适应力

实践是检验真理的唯一标准。所以，高校应为学生提供大量的实践机会，让学生可以充分投身于实践之中，有助于提升大学生的职业适应力，使大学生能够提前适应社会环境，强化大学生的实战能力。高校应秉持提升大学生职业适应力的原则，在不断的社会实践中，提升大学生的自主学习能力、人际交往能力以及自我管理的能力，增强大学生的职业适应性。另外，在学生寒暑假期间，高校也应部署好大学生的假期实践内容，减少大学生从校园到社会的心理冲突，让大学生能够在假期中有所收获，这对于提升大学生的职业适应性有着十分积极的作用。高校也应建立大学生暑期社会实践基地以及毕业实习基地，为大学生的职业适应性提供良好的外在条件，最终使大学生的职业适应性得到切实提升。

第二节　职业适应与提升方法

一、职业的相关适应

（一）职业适应

1. 适应与适应性

适应通常作为生物学方面的专业名词来用，它代表某种生物个体或物种群体与环境（包括其他生物种群）间的协调程度，它是通过生物个体或物种群体的形态结构、生理功能、行为反应、生活习性等表达出来的。

适应既可以是一种过程，也可以是一种状态。有机体通过同化和顺应两种作用取得与环境的平衡。这种平衡的状态即适应状态：个体处于平衡—不平衡—平衡的动态变化过程即适应过程。

适应性是指个体在社会化过程中，改变自身或环境，使自身与环境协调的能力，即个体与环境在适应过程中形成的适应能力，它是认知和个性因素在个体的适应—发展—创新行为中的综合反映，是个体生存和发展中必要的心理因素之一。

2. 职业适应的概念

职业适应包括很多内容，但由于场合不同，可能会有不同的强调要点：工作效率、无事故倾向、最低能力和特性要求、熟悉工作速度、意愿适应、个人背景。职业适应，指的是大学生从学生角色到职业角色的过渡。学生角色是指在社会和家长的资助下，学习和拓宽知识，培养职业素质，掌握职业技能，成为合格的高层次人才；职业角色是指在某一职业岗位上，依靠自身知识和技能并按照一定的规范具体地开展工作，履行岗位义务，获得相应的报酬并经济独立。

（二）职业选择适应

1. 职业选择适应的概念

从职业适应性的定义出发，我们可以将职业选择适应性理解为：个体通过自我认知，科学地选择职业，来达到适应职业要求，从而达到个体、职业匹配的过程。职业选择适应性反映的是大学生对职业选择的职业价值观判断，对自我职业能力与职业岗位需求之间的平衡的判断，对企业的要求和自我的职业需求符合程度的自我感受；反映的是大学生与职业之间相互选择过程中的不断纠正、不断协调的过程。

2. 职业选择适应过程中容易出现的问题

第一，职业茫然。在大学生刚入大学初期，一般在大一和大二学年，大学生在职业方面主要表现为职业茫然。通过在职业生涯规划课程上的课堂测验发现，只有不到10%的同学进行了比较详细的规划，但是也仅仅是准备从事什么工作、考研、创业、出国等，对于细节也是模棱两可。他们不知道自己真正想干什么，不知道自己能干什么，也没有分析清楚自己适合干什么，甚至不知道自己所学的专业具体涉及哪些领域。

第二，职业选择困难症。到了大学后期，在大学生即将毕业之际，虽然经过几年的大学学习，积累了丰富的专业知识和职业技能，但是仍然存在职业选择困难症。有的大学生将职业选择定位在收入、工作环境安逸、不出差等这些外职业生涯方面。当出现多个职业或者多个职业岗位的时候往往无法作出合理科学的判断和选择，不知道该用什么工具或者方法进行排除选择，出现了选择困难症，表现出犹豫、焦虑等。

第三，职业初期的不稳定性。大学生毕业后，岗位的稳定性不足，出现跳槽频繁现象，更换职业现象突出。学院辅导员在对毕业生做就业跟踪调查时发现，有将近一半的学生没有在初次就业单位就业。学生在毕业后1~2年仍在第一次就业单位上班的寥寥无几。

（三）社会适应

1. 社会适应的概念

社会适应一词最早由英国哲学家赫伯特·斯宾塞（Herbert Spencer）提出，指个体逐渐地接受现有社会的道德规范与行为准则，对于环境中的社会刺激能够在规范允许的范围内作出反应的过程。社会适应对个体有着重要意义，如果一个人不能与社会取得一致，就会产生对所处环境中的一切格格不入的心理状态，久而久之，容易引起心理问题。人类对社会的适应可以通过语言、风俗、法律以及社会制度等的控制，使自己与社会相适应。

2. 社会适应的四个阶段

应当把作为过程的适应和作为结果的适应性，与适应过程的结果区分开来。在新的社会环境中个体的适应性通常划分为以下几个阶段。

（1）初期阶段。在该阶段，当个体知道他在新环境中应该如何行动，但在自己意识中却不承认新环境的价值，并可能拒不接受，仍然抱着原有的价值系统不放。

（2）容忍阶段。在该阶段，个体和新的环境彼此对于价值系统与行为方式都表现出相互宽容的态度。

（3）接纳阶段。在该阶段，在新的环境同时也承认个体的某些价值的情况下，个体承认并接受新环境中主要的价值系统。

（4）同化阶段。在该阶段，个体与环境的价值系统完全一致。

二、职业适应的分类

（一）一般职业适应性

一般职业适应性是指从事一般职业所需的基本生理、心理素质特征。一般职业适应性研究的历史较为久远。

随着我国改革开放和社会主义市场经济的发展，企业用工制度和用人策略发生了很大的变化，对人才的职业能力测评与咨询已成为急需。中国科学院心理研究所和北京大学、华东师范大学、浙江大学的心理学系等已开展了人才测评的研究，开发了一系列的一般职业能力测评量表和专项能力测评量表；各地的人才市场、劳动力市场也开始开展人才素质测评服务。

（二）特殊职业适应性

特殊职业适应性是指从事某一特定职业所需具备的特殊生理、心理气质特征。特殊职业适应性研究根据各个特殊职业的不同有其特殊性。

三、职业发展的概念

职业发展建立在职业适应的基础之上，是使自己的价值充分体现，成为组织满意的优秀员工的过程。职业发展对个人、家庭、职场和社会都会产生重要影响。

职业发展要求职业人修炼职业情商。要以积极的心态面对工作，在工作中既充分认知自己，继而进行自我调控和激励；同时认知他人的情绪，实现顺利沟通，锻炼领导和管理能力；又要培养职业逆商，当面对逆境时，不抱怨，主动发现、思考、解决问题，善于总结，保持幽默，必要时主动承担责任，培养良好的职业习惯；更要管理职业健康，保证健康饮食和充足睡眠，适度运动，养成良好的生活习惯。职业发展如同爬山，一路上会有很多意想不到的艰难险阻，也有可能会有让人迷失的无限风光，更会有可能没有人理解和支持的孤单寂寞。只有那些不畏前路，认准适合自己的道路并勇于攀登的人，才有希望达到光辉的顶点。

四、影响职业发展的因素

（一）职业内在因素

第一，内在因素。包括职业能力、创新能力、态度品德、身心健康等。一个大学毕业生，需要在角色适应的基础上，不断学习，有积极的工作态度和职业操守，加强自身的专业能力、人际交往能力等核心竞争力。

第二，组织因素。个人所在的组织因素对个人职业发展起着重要作用，当两者相适应时，个人职业发展更容易取得成功。

第三，环境因素。包括社会、政治、经济、技术、家庭、朋友和同龄群体等很多方面。这个因素可变性大，需要对各种环境因素做系统深入的分析，以确定最适合自己的职业发展方向。

（二）职业外在因素

1. 社会管理的变革

职业作为一种社会现象并非从来就有，它是人类社会生产力发展到一定阶段的产物，是随着社会分工的出现而产生的。

人类社会出现了三次社会大分工。三次社会分工之后，人们所从事的劳动从原来单一的原始农业到可以从事畜牧业、手工业、商业。由此出现了人类最初的职业：农民、牧民、工匠、商人等。

此后随着历史不断衍进，职业也跟着不断发展，其中包括职业的新兴、繁荣、衰败。有些职业因为无法满足社会的需求而被人们所抛弃，从此销声匿迹，有些职业由于其特殊的性质得以长久保存，只不过在不同时代背景下，其内涵也随之而不同。世界上任何事物都在运动着，不是一成不变的，所以职业也是不断发展的。

2. 技术的变革

科技是第一生产力。“科学技术是第一生产力”是马克思主义的基本原理。马克思曾指出“生产力中也包括科学”，并且说：固定资本的发展表明，一般社会知识，已经在多么大的程度上变成了直接的生产力。马克思还深刻地指出：社会的劳动生产力，首先是科学的力量，大工业把巨大的自然力和自然科学并入生产过程，必然大大提高劳动生产率。随着科学技术的发展，人类社会生产力得到了迅速发展，社会必要劳动时间不断缩短，一些原来由手工操作的工作也逐渐被取代。在人类史上科技发展最快、成果最多的第三次科技革命更是如此，涉及信息技术、新能源技术、新材料技术、生物技术、空间技术和海洋技术等诸多领域。这次科技革命不仅极大地推动了人类社会经济、政治、文化领域的变革，而且也影响了人类的生活方式和思维方式，各种前所未有的职业也如雨后春笋般地出现在人们的视野中。21 世纪的科学技术日新月异，每天都有新的成果，相应地，对某些职业来说，所运用的技术需要不断改进，所以对从事这些职业的工作人员来说也需要不断地学习新技术，否则只有被淘汰。

科技的发展还促使了社会分工越来越细化，职业也因此产生了许多分支，许多新的职业是从原来的一个口径比较宽的职业当中分离细化出来的，或者是由原来的属性转化为另一属性，成为一个独立的职业。

3. 经济发展的变革

影响职业发展的第三个因素是经济发展因素。随着经济的发展，人们的生活水平不断提高，人们的物质文化需要日益增长，社会总体需求也越来越高。这时就迫切需要相关职业的产生，或者是原有职业的变革、进步。在人们的物质生活水平达到一定高度的时候，就会去寻找精神上的享受。

还有，随着经济的发展，生产力关系会变得越来越复杂，会出现各种各样的问题，这就产生了专门的机构或公司去研究这个庞大复杂的经济网，相应的职业也就产生了，如股市中的操盘手、股票分析员、信贷管理员等。同时，经济对职业的影响是多重的，因为经济的发展反过来会促使科技的发展，而科技的发展又影响着职业的发展；同样地，经济的发展也影响着国家政策的制定和实施，从而也会影响职业的发展。

4. 产业及行业的变革

新兴产业是应运而生的一种新的行业和部门，随着新兴技术和研究成果的发明而产生。全球性新兴产业主要涵盖了空间、海洋、新能源、新材料、生物、信息和电子等新技术，并在此基础上，发展起来了一系列新兴产业部门，不断出现新兴产业，对人才的需求也提出了相应的要求。目前所广泛应用的信息技术和电子技术，标志着人类社会已经进入了一个革命技术的崭新阶段。

作为一种知识形态，新技术产业在发展的过程中，形成了一种产业化的结果，并最终形成了一种产业。发展新兴产业，可满足社会需求并增加综合国力的需求，提高全社会的效率。作为我国产业升级的方向，新兴产业是经济可持续发展的重要支撑和保障，它的发展变革了经济结果。新兴产业发展，会对劳动力就业市场产生极大的促进作用，同时也会对大学生职业规划产生深远影响。

五、职业发展趋势

（一）我国与全球职业发展态势

1. 我国职业发展态势

从发展态势看，我国未来职业变迁呈现以下趋势：第一，由单一基础向跨专业、复合型转化；第二，由封闭型向开放型转化；第三，由传统工艺化向信息化、智能型转化；第四，由继承性向知识创新型转化，由服务性职业向知识技能化转化。

2. 全球职业发展态势

（1）新职业不断产生

无论是生产部门还是服务部门，新型的职业活动和职业都不断地涌现出来。

（2）旧职业的衰落和消退

衰落和消退的职业主要集中在第一、第二产业。在结构调整中，第三产业也有部分职业消退。这种职业的衰落和消退往往与技术或产品的更新使某种职业失去市场有关。有时也发生在由于制度和政策的限制，禁止使用某种材料或工艺，致使某些职业难以为继。

（3）职业的调整和变化

在第一产业中，传统的农民转化成为农机师、农艺师或者专业性更强的从事无土无害栽培工作的现代农艺师。

在第二产业中，传统的手工绘图员正转化为使用计算机的电子绘图员，采煤、采油等技术向高科技化的转变，产生了新型的煤炭液化、气化相关职业，以及海洋石油开采等职业。

在第三产业中，变化发展更迅速。比如，过去的理发员转化为形象设计师，库管人员转化为物流配送员等。

（二）新兴趋势

1. 高科技产业化趋势

一般认为，高科技是一种人才密集、知识密集、技术密集、资金密集、风险密集、信息密集、产业密集、竞争性和渗透性强，对人类社会的发展进步具有重大影响的前沿科学技术。

从世界各国高科技的发展来看，高科技不是一个单项技术而是科学、技术、工程最前沿的新技术群。这个群体的各种成分互相影响、互相补充、互相促进。

2. 信息化趋势

信息化是指由计算机和互联网生产工具的革命所引起的工业经济转向信息经济的一种社会经济过程。它包括信息技术的产业化、传统产业的信息化、基础设施的信息化、生产方式的信息化、生活方式的信息化等几个方面。

信息正在悄悄地重构经济形态与社会形态，工业化、城镇化、市场化和国际化进程的加快，为信息化“职场”的发展带来了巨大的挑战和发展机会。

3. 文化创意产业化趋势

文化创意产业本质上是以创意和知识为核心的产业，核心价值是其产品具有精神内涵，是一种文化资源与其他生产要素紧密结合，文化、科技与经济互相渗透、互相交融互为条件、优化发展的经济模式。它强调人的主体地位和主导作用，强调的是以文化为发展经济的理念，依靠的是文化资源优势，使人文资源和文化优势成为新的经济增长点。

4. 自由职业化趋势

自由职业化是指未来终身依附一个组织的固定职业被不断削弱，独立的、不依赖于任何组织的自由职业不断产生。事实上，许多成功的组织在实现其目标的过程中，对固定职业的依赖性已经大大减少。这就是为什么今天传统的固定职业中有相当一部分正在被临时性工作、项目分包、专家咨询、交叉领域的合作团队或者自我管理的自由职业者所代替。

六、提升职业适应能力的方法

职业适应能力并非与生俱来，它既需要个人的天赋，又需要经过磨炼和学习获取经验。每个人的性格特点都有其独特的优势与缺陷，并非外向型就一定优于内向型。更为关键的是在实际工作岗位上的学习与方法。

（一）调整心态，积极应对

一般刚参加工作的大学毕业生，所在的岗位都较为基层，和自己的理想存在一定落差。因此，大学毕业生需要做好充分的心理准备，除了要锻炼自己的抗压能力外，还要学会以适度的心态面对新环境。人在面对压力时，最好的解决方法就是尽快熟悉业务，在看似平凡、枯燥的工作中寻找乐趣。如果职场中人能在平凡的工作岗位上激情不减、表现突出，能在压力下不屈不挠、努力工作，必将披荆斩棘，成绩斐然。

1. 保持好心态

大学毕业生刚进企业后，习惯用学生的眼光看待企业，对企业现状不满，接受不了企业的“条条框框”，没有耐心去适应企业。其实，每个企业都有优势和劣势，最重要的是学会适应新的环境，在和企业相互深入了解后，找到自己合适的位置。

2. 学习的心态

作为职场新人，面对上司、同事都要以向他人学习的态度进行沟通和交流。不要急功近利，更不能骄傲自满，多多观察和学习他人的经验，弥补自己的不足。

3. 乐观向上的心态

没有任何人的职场经历是一帆风顺的，对于刚刚毕业的大学生来说更是如此。只有经历了波折与风浪后，才会在以后的职业生涯中有更加优异的表现和发展。

（二）加强实践

在现实中，把工作经验看得比学历和学校更为重要的招聘单位并不在少数。对招聘单位的工作经验准入门槛“恨之切切”的应届大学生也不在少数。事实上，大学毕业生无论是在学习期间，还是进入职场后，都会有大量的机会进一步加强自己的实践工作经验。

1. 实习期间

大学期间的实习是一座非常良好的桥梁，能够帮助大学生对社会和职业有一定的了解。同时，大学生也可以在实践中开阔视野，增长见识，为进一步走向社会打下坚实的基础。

因此大学期间的实习期一定要认真对待，不要以为与真正工作不相干就马虎应付。事实上，很多用人单位在招聘时都会调查求职者在大学期间有过哪些见习和社会实践的经历并从中学到什么。

2. 平时的学习

平时的学习也是增加工作经验的良好途径之一。很多大学生在毕业之前基本上都将自己封闭在一个与外界几乎隔离的“象牙塔”里，这无疑会影响用人单位对毕业生的评价。因此，大学生在踏入社会之前，应该主动了解和认识社会环境，多参加社会活动，积累更多经验，为提升职业适应打下基础。

第三节 促进职业发展

一、做好终身学习

（一）终身学习的含义

终身学习在很大程度上是终身教育和学习化社会两者相结合的产物。关于终身学习的定义，不同的学者和组织对其解释也不尽相同。终身学习是通过一个不断的支持过程来发挥人类的潜能，它激励并使人们有权去获得他们终身所需要的全部知识价值、技能与理解，并在任何任务、情况和环境中有信心、有创造性并愉快地应用它们。

（二）终身学习能力的构成要素

第一，自学能力。自学能力是指独立获取新知识，不断调节自己的知识结构的能力，是个体获得成功的最基本的一种能力。

第二，适应能力。适应能力是指人随外界环境和时代变迁而改变自己的行为方式、生活方式、交往范围、思维习惯、思想认识和价值观念的能力，指的是积极的适应能力。

第三，分析和解决问题的能力。分析和解决问题的能力就是对客观世界间接的、概括的反应能力。

第四，利用现代化学习工具的能力。利用现代化学习工具的能力就是指个体运用现代化学习工具对信息进行搜集、加工、存储、处理、传递、应用的能力。

第五，组织管理能力。组织管理能力主要是一种社会活动能力，它包括计划、决策、协调、合作、交往等多种能力。

第六，实际操作能力。实际操作能力是指完成学习活动、专业训练和生产实践中各种智力的、技巧的具体运作能力，它是现代人才不可或缺的一种能力。现代科学上许多重大突破都得益于高超的实验技术。

（三）终身学习与职业发展

随着科技发展的日新月异，知识进步进入了爆炸时代。短时间两到三周的时间不学习也许看不出来什么，但是两到三个月不学习，就会和别人开始出现一定的差距，更不要说两到三年的时间了。换句话说，为了更好地工作和生活，我们不得不学习。在职场奋斗了一段时间之后，对自己认识得更加清楚，也会渐渐总结出自己的优势和缺陷。如何把自己的强项发挥到极致，如何避免知识和能力上的不足带来的劣势，通过及时的学习和实践来提高个人的水平，不断扩大自己的视野和格局，是必然的道路。知识和能力并非天生的，而是需要我们努力学习来获得的。每个人都希望自己可以得到充分的发展，而发展和提高的前提，是学习。此外，从功利的角度来看，学习带来的一些正面的影响，如学历的提升、文凭的获得、专业认证的通过等，有的时候是职场发展的敲门砖。现如今社会对人才的需求及对大学生职业素养、职业技能的要求日渐提高，大学生就业指导和职业生涯规划已引起了高校和全社会的广泛关注。“读书是学习，使用也是学习，而且是更重要的学习”。在当前知识经济时代，获取知识、运用知识和创新知识的能力是一个人成功的重要因素，善于学习、有较强学习能力和思维能力的创新型人才，才是知识经济时代的强者。因此，大学生们要着眼于未来，培养自己终身学习的能力，才能更好地适应职场的变化。

二、积淀职业素质

（一）职业道德素质的积淀

1. 职业道德素质的概念

职业道德素质是指个人基于一些基本的职业道德原则与规范的基础上所形成的对待自己职业的一整套相对稳定的价值观和态度，它既是对本职人员在职业活动中行为的要求，同时又是职业对社会所负的道德责任与义务。这是立足于社会层面对职业道德进行的概念界定，通过对职业道德的约束性和规范性进行强调，进而表现出一种比较标准的职业道德定义。

2. 职业道德素质的特点

职业道德素质是心理意识、行为原则和行为规范的总和，是人们在从事职业的过程中形成的一种内在的、非强制性的约束机制。具体而言，职业道德具有如下特征：稳定性和连续性、专业性和有限性、多样性和适用性、纪律性和强制性。

3. 职业道德素质规范体系

职业道德素质规范体系的核心主体部分包括三个层次。第一层次是社会主义职业道德素质的核心——为人民服务；第二层次是各行各业都应当遵守的五项基本规范；第三层次是各行各业自己的具体职业规范。

4. 职业道德素质的培养

针对目前高等院校职业道德教育存在的问题，学校应改进和优化职业道德教育。培养大学生职业道德行为可从以下几个方面入手。

（1）在课堂教学中灌输职业道德内容

高校要不断深化专业课堂教学改革，要以专业人才培养目标为主，系统设计职业道德课程开发、教材建设、教学重点、教学标准、考核标准。

（2）在社会实践中体验职业道德规范和行业道德规范

丰富的社会实践是指导高校学生成长成才的重要基础，大学生良好职业道德行为习惯的养成离不开社会实践这条重要途径。高校应尽可能多地为大学生提供参与社会实践的机会。

（3）在职业活动中强化职业道德行为

高校应通过开展丰富多彩的活动提高大学生自觉遵守职业道德规范和行业道德规范的意识。

（4）在专业学习中增强职业道德意识

高校在合理确定人才培养目标时，应确定合理的大学生职业道德、职业技能、就业创业能力的培养方案。

（二）职业心理素质的积淀

1. 职业心理素质的概念

关于职业心理素质的界定一般有两条途径：从心理素质的角度界定，职业心理素质是人的心理素质的有机组成部分；从职业素质的角度界定，认为职业心理素质是职业素质的一个有机组成部分。

2. 职业心理素质的内容

职业心理素质包括智力型和非智力型职业心理素质两类。智力型职业心理素质（智力因素），具体包括知识、智力、领导及管理能力、人际交往能力、处理工作的能力；非智力型职业心理素质（非智力因素），包括思想品质及职业道德、职业需求、职业情感及价值观，意志情绪品质，个人素质。

3. 职业心理素质的特点

职业心理素质具有稳定性、基础性、综合性、发展性四个特点。

4. 职业心理素质的培养

培养良好的职业心理素质应从以下几个方面入手：一是政府要加强宏观调控，发挥管理作用。政府要充分发挥服务职能，指导高校专业的调整和课程设置、完善社会保障体系，深化各项制度的改革以及规范大学生就业市场，创建公平就业环境。二是深化教学改革，充分发挥高校主阵地作用，高校是思想政治教育的场所，要深化教育改革，充分发挥在职业心理素质培养中的阵地作用。通过思想政治教育培养大学生良好的职业心理素质。三是注重家庭教育，充分发挥家庭的引领带动作用。大学生的成长离不开家庭，家庭在大学生职业心理素质培养中尤为重要。家长要营造宽松的家庭环境氛围。尊重子女的要求，关心、尊重、理解子女，并在人格方面为子女作出表率，客观估计子女的能力，重视子女的特点，树立合理的期望值，不在子女职业选择上提不切实际的要求；帮助子女改变思想观念，引导大学生树立正确的职业价值观，鼓励他们参与职场竞争。四是加强自我教育，充分发挥学生的主体作用。在职业心理素质培养中，学生自身要加强自我教育，充分发挥主体作用。大学生要正确认识自我，树立合理的职业价值观，提高综合素质，提升自身职业能力。

（三）职业文化素质的积淀

1. 职业文化素质的概念

在我们的实际工作中，综合素质好、职业素养好的大学生，往往能够找到比较理想的工作。职业文化素质的概念是指职业文化，是人们在职业活动中逐步形成的价值观念、思维方式、行为规范以及相应的习惯、气质、礼仪与风气，其核心内容是对职业使命、职业荣誉、职业心理、职业规范以及职业礼仪的认同和遵从。职业科学文化素质是企业对大学生的迫切需求。企业对大学生职业文化素质的要求还是比较高的。

2. 职业文化素质的培养

一是设计导向的职业教育思想。高等教育必须实施从“适应导向”向“设计导向”的战略性转变。在教学内容中，不仅包括功能性的知识，更重要的是构建“环境和社会”的方式方法；教学过程体现社会过程，学习者有机会对源于实践的、开放性的具体任务设计解决问题的策略、尝试解决任务的方法并对自己的职业行为进行评价。二是设立能力本位的培养目标。能力本位的人才培养目标，旨在促进学生才能、方法、知识、观点和价值观的综合发展。培养目标的定位应立足于：体现从业核心能力导向的要求，反映社会实践、建立学习与社会生活的联系、体现学生高质量体面就业与职业生涯发展的要求。三是构建基于实践过程的课程模式和科学的人文素质教育体系。职业文化素质教育应融入各个教育的环节中，与专业教育、技能训练相结合、相互促进，在潜移默化中提升学生的综合素养。构建文化素质教育体系要做到以下几点：健全领导机制、完善运行机制，开展系统化运行，在建立科学的教育评价体系上做文章。四是调整行动导向的教学方法。行动导向教学强调“思维”和“行动”的统一，每一个完整行动过程的起点都是“理智的尝试性行动”，终点都是“行动目标与行动结果的比较”。学生学习方式多以强调合作与交流的小组形式进行，具有计划进程、选择资料、尝试方法、控制质量、评价结果的实践空间；教师是学生学习过程的组织者和处理具体问题的对话伙伴。

思考题

1. 从学生角色到职业角色的转换的意义是什么？
2. 角色转换的途径与方法是什么？
3. 角色转换过程中应该注意的问题有哪些？
4. 提升职业适应能力的方法是什么？
5. 终身学习能力的构成要素有哪些？

参考文献

[1] 马少华，郭彦鹏．大学生创新创业教育［M］．北京：中国书籍出版社，2023.
[2] 涂晓洁．创新创业教育融入思想政治教学策略研究［M］．北京：东方出版社，2023.
[3] 郭立群，张红伟．高校创新创业教育促进高质量就业的理论与实践探索［M］．北京：中国农业大学出版社，2023.
[4] 兰小毅，苏兵，钱晨．创新创业学［M］．北京：清华大学出版社，2023.
[5] 周旖，陈雨，许萍．创新创业教育与实践［M］．北京：人民邮电出版社，2023.
[6] 李政，钱松．创新创业概论［M］．苏州：苏州大学出版社，2023.
[7] 杨卫军，赵娇．创新创业基础第 2 版［M］．北京：高等教育出版社，2023.
[8] 孟丽萍．大学生创新创业基础［M］．长沙：中南大学出版社，2023.
[9] 锁冠侠．大学生创新创业基础［M］．北京：高等教育出版社，2023.
[10] 张慧青．大学生创新创业指导［M］．北京：中国财政经济出版社，2023.
[11] 王全利．创新创业教育与实践［M］．北京：中国纺织出版社，2022.
[12] 刘怡，乔岳．创新创业新思维［M］．济南：山东教育出版社，2022.
[13] 王思敏，宋婷．创新创业实训［M］．北京：九州出版社，2022.
[14] 温东荣，王海斌．创新创业实践［M］．厦门：厦门大学出版社，2022.
[15] 王军，蒲国林，杨珲．大学生就业引航与创新创业指导［M］．北京：人民邮电出版社，2022.
[16] 方志勇，邵天舒，金伟林．职业规划与创业就业指导［M］．北京：经济科学出版社，2022.
[17] 杨建，赵传刚．新时代大学生职业发展与就业创业指导教程［M］．成都：电子科技大学出版社，2022.
[18] 杨智敏，张洪东，杨曼丽．大学生职业生涯规划与就业指导［M］．武汉：华中科技大学出版社，2022.
[19] 丁锴，吴成炎，王钰岚．大学生职业发展与就业指导［M］．苏州：苏州大学出版

社，2022.

[20] 张云生. 大学生创新创业与就业指导［M］. 北京：北京交通大学出版社，2021.

[21] 邱小林，周文波，郑燕玲. 大学生创新创业与就业指导［M］. 北京：现代教育出版社，2020.

[22] 梁小丽，宋耀辉，王录军. 创造性思维与创新创业［M］. 西安：西北大学出版社，2020.

[23] 刘建中. 大学生就业指导［M］. 成都：电子科技大学出版社，2020.

[24] 丁丽芸. 现代经济发展与就业规划［M］. 哈尔滨：哈尔滨出版社，2020.

[25] 王君，徐鹏，赵玉真. 大学生创新创业与就业指导教程［M］. 成都：电子科技大学出版社，2019.

[26] 王青迪. 大学生创新创业教育与就业指导［M］. 上海：上海三联书店，2019.

[27] 彭军，谭军，刘义. 大学生职业生涯发展与就业创业指导［M］. 北京：北京理工大学出版社，2019.

[28] 蒋文珍，张青松，张艳. 就业指导与创业教育［M］. 成都：电子科技大学出版社，2019.

[29] 魏安民. 大学生就业指导［M］. 成都：电子科技大学出版社，2019.

[30] 张建军. 职业发展与就业指导［M］. 北京：北京理工大学出版社，2019.

[31] 杜学森. 职业发展与就业指导［M］. 北京：北京理工大学出版社，2019.

[32] 张志炜. 大学生就业指导［M］. 北京：国家行政学院出版社，2019.

[33] 公丕国，张莉莉，毕洪丽. 大学生创业与就业指导［M］. 北京：北京理工大学出版社，2019.